狄為強大美名标
錫在山川風景好
杰出人物有礼貌
文能治國理條條
武能安邦平爭吵
超出一切文武藝
众人称贊是奇才
人品出众不一般
品德不忘師情義
高出一切不驕傲
祝薛為乐理拳会
会友天下談奇妙
好在拳术武德高

詩者趙清玉

贈弟子留念 一九九二年七月十八日

作者恩师赵清玉手书

作者恩师赵清玉拳照

作者在武式太极拳研究会成立会上与其他成员合影

抚顺市武式太极拳研究会成员合影

作者与孙式太极拳传人郭玉生、杨式太极拳传人常玉林合影

作者拳照

作者全家均喜爱太极拳

走近太极内核

狄锡杰 著

人民体育出版社

愿将此书献给那些把太极拳不仅当武术来练，而且当文化来学，当艺术来品，当国学来悟，当儒、道、释三教来修的人们。

狄锡杰

前　言

　　太极拳在中国家喻户晓。人们可能不知道行意拳、八卦掌，不知道螳螂和炮捶，但没人不知道太极拳。越来越多的人喜爱它、习练它，它已成为好多人日常生活中不可缺少的物质和精神食粮。

　　但是，什么是太极拳？它习练的内容和研究的对象是什么；它的身法、功法、心法如何修炼；它与其他运动及学问是什么关系；怎样才能真正认识、理解、练好太极拳等这些问题，不是所有练太极拳的人都明白，很多人还在太极拳的边缘徘徊，有的甚至在练糊涂拳。《走近太极内核》一书就是想在这些问题上给人以启示，并试图通过抛砖引玉，使更多有关回答这方面问题的书籍问世。

　　明理是练好太极拳的先决条件，对太极拳理、拳法理解得深，太极拳才习练得好。本书论述了学理和实练的关系，强调指出：自古圣贤多明理，"未有神仙不读书"，就是为了使读者破俗入理。鉴于目前太极拳理论繁多的情况，本书较为详细地阐述了如何鉴别、学习、理解、运用理论的方法。本书既是教如何练拳的，又是在理论上指点迷津的。

　　太极拳是武术，同时它又是文化、艺术。本书用大量篇幅论述了太极拳的文化内涵和艺术价值，并分析了太极拳与国学、"三教"及其他拳术运动的关系，就是为了使读者从多个角度审视太极拳，全面认识、深刻理

解太极拳，以便更好地掌握它、运用它，这样才能使习练者从诸多方面吸收太极营养，得到更多的好处。

太极拳的产生和沿革、太极拳的创始人和主要代表人物，以及与太极拳相关的理论是太极拳习练者应该掌握的常识。本书虽未详尽论述，但也做了一些必要的说明，目的是使读者知晓太极拳的发展历史，了解太极拳先人的历史贡献，以便把握学习太极拳的方向，明确习练的重点。

《走近太极内核》一书还对太极拳的门派、太极拳的数学意义、太极拳的力学原理、太极拳与现代科学等一些问题进行了论述。提出了：要规范太极拳，用数学和力学研究太极拳，以现代科学武装太极拳。这些新观点和新提法既是对太极拳的研究，也是一种探索。与时俱进的属性决定了太极拳要不断发展，不断有新的理论产生。实现这一目的没有探索是不行的，太极拳就是要在不断探索中前进与提高。本书的这种探索只是在小范围内的、初步的、浅层次的，希望今后会有更多的深层次的研究与探索的书籍出现。

有人练了多年太极拳，却有好多问题仍在朦胧中，有的甚至把错的当成对的在坚持练。由于"误区"的存在，耽误了习练者的功夫，甚至使人走了弯路。本书就最容易出现的"误区"进行了论述，分析了产生的原因，提出了克服和纠正的措施，是想让广大太极拳习练者把握正确方向，少走弯路，径直走近太极内核。

太极之理是客观存在的，它存在于世间一切事物发展中，存在于人体的生理和心理变化中。人们的日常生活就是践行太极之理的过程。因此，掌握和运用太极之理，不仅习练太极拳的人需要，不练太极拳的人也需要。本书是讲太极之理的，即便是不练太极拳，看了此书也会大有收获。它所强调的把太极之理融入人们的日常生活；运用"阴阳相济""性命双修"等道理规范自己的行为；把"与人为善""舍己从人"的拳理拳法作为与人交往的戒律；把"天人合一""顺其自然"视为时刻遵循的准则，就是为使习练者在日常生活中能动地、自觉地运用太极之理，使其给我们带来的好处越来越多地显现出来。

本书侧重论述了武式太极拳的功法、拳法，并附有武式太极拳传承。这不仅因为作者是武式太极拳传人，还因为武式太极拳是文化拳，它的文化内涵较深，理论著作较多。武式拳姓"武"，但它跳出了"武"的小圈子，用"文"来陶冶"武"，是文化在武术中的展示。看此书，眼前出现的不单是"武"的刀光剑影，还有传统文化的多彩光环。从中不仅可以学到拳功、拳法，还能学到如何友善待人、乐观处事和勇于进取的精神。文化是最大的心法，扩大知识面、提高文化素质是练好太极拳的关键。没有文化的习练者是粗鲁的、愚昧的，是无法探知太极拳深层次奥秘的，更无法走近太极内核。

《走近太极内核》一书，收选了九篇文章附于书内。这九篇文章有古代先贤的精品，有现代明人的佳作；有直接论拳的理论纲要，有讲为人处世的至理名言。认真读一读，对练拳、处事、做人都有好处。练拳德为先，练太极拳尤为如此。本书是论拳的，也是讲德的。"德高、事兴、拳好"，这是常理、是规律，任何习拳者都不能违背。练拳要把"德"放在首位，写书亦应如此。太极拳习练者应该成为武功高超的人、气度非凡的人、道德高尚的人。

本书收录了作者33幅拳照，都是武式太极拳单势习练，供对武式太极拳感兴趣的读者参考、研究。

历史已进入生产力飞速发展的高科技时代，人们对太极拳的认识不能停留在原有的基础上。思想要解放，观念要更新，认识要提高。时世

造英雄，在冷兵器已成为历史的今天，很难造就如"杨（露禅）无敌"那样"一羽不能加，蝇虫不能落，人不知我，我独知人"的"英雄"。而现今社会却大批涌现了像吴图南、冯志强等文武兼备、德艺双馨、为民造福的新时代"英雄"。本书用大量篇幅，从多角度论述了技击与健身、武与文、习练与明理的关系，为的就是期望太极拳习练者跟上时代的步伐，确立正确的习拳理念。不要用偏了劲，走弯了路，要把功夫用到点子上。通过长年习练太极拳，获得真正"有用"的本领。

太极鼻祖张三丰指出："故传我太极拳法，即须先明太极妙道。若不明此理，非吾徒也。"意思是说，学拳须先明理。读书是明理的最好方法。《走近太极内核》一书出版，希望读到此书的人能从中受益，从中获得拳理、拳法知识，道理明白得更多、运用得更自如。真正把书中的学问变成自己的"真知"，是要靠"悟"来实现的，望读者认真"悟"，从中"悟"出更多的道理来。

狄锡杰

目　录

第一章　认识太极拳 …………………………………（1）

第一节　概念 ……………………………………………（1）

第二节　产生和传播 ……………………………………（3）

第三节　门派 ……………………………………………（6）

第四节　广义和狭义太极拳 ……………………………（9）

第五节　太极操与太极舞 ………………………………（11）

第二章　研究对象 ………………………………………（13）

第一节　太极理论与太极拳 ……………………………（13）

第二节　自然属性 ………………………………………（16）

第三节　气是沟通人与自然的纽带 ……………………（19）

第三章　太极拳练"精、气、神" ……………………（22）

第一节　精 …………………………………………（22）

第二节　气 …………………………………………（25）

第三节　神 …………………………………………（28）

第四章　习练内要 …………………………………（33）

第一节　基本功 ……………………………………（33）

第二节　处理好三个关系 …………………………（35）

第三节　练拳四要素 ………………………………（41）

第四节　太极三乘 …………………………………（43）

第五节　想、看、听习练法 ………………………（46）

第五章　太极风范 …………………………………（52）

第一节　评价太极拳习练的标准 …………………（52）

第二节　太极人应具备的风格和品德 ……………（55）

第三节　日常生活与太极拳 ………………………（58）

第六章　太极拳的文化内涵 ………………………………（64）

第一节　太极拳与国学 ……………………………（64）

第二节　太极拳与国粹 ……………………………（68）

第三节　太极拳与琴棋书画 ………………………（73）

第四节　太极拳与诗词歌赋 ………………………（77）

第七章　太极拳的艺术品味 ………………………………（84）

第一节　修心艺术 …………………………………（84）

第二节　修身艺术 …………………………………（87）

第三节　修为艺术 …………………………………（91）

第四节　养生艺术 …………………………………（94）

第五节　技击艺术 …………………………………（99）

第八章　三教思想共铸太极拳 ……………………………（105）

第一节　道家思想 …………………………………（106）

第二节　儒家思想 …………………………………（112）

第三节　释家思想 …………………………………………（118）

第九章　明了三大课题 …………………………………（125）

第一节　阴、阳 ……………………………………………（126）

第二节　五行 ………………………………………………（132）

第三节　八卦 ………………………………………………（138）

第四节　指导意义 …………………………………………（145）

第十章　太极拳与其他 …………………………………（147）

第一节　太极拳的数学意义 ………………………………（147）

第二节　太极拳的力学原理 ………………………………（152）

第三节　太极拳的教与学 …………………………………（157）

第十一章　内核要论 ……………………………………（163）

第一节　走近太极内核 ……………………………………（163）

第二节　走出误区 …………………………………………（174）

第三节　克服五病 …………………………………………（187）

第十二章　发展趋向 …………………………………（194）

　　第一节　练意为本 ……………………………………（194）

　　第二节　与时俱进 ……………………………………（200）

　　第三节　用现代科学认识发展太极拳 ………………（207）

附录一　武式太极拳传承 …………………………………（213）

附录二　精选九篇 …………………………………………（228）

后记 …………………………………………………………（245）

第一章
认识太极拳

第一节 概念

20世纪60年代末,笔者刚刚开始学习太极拳。一天,在公园见到一位老者正专心致志地练太极拳。等他练完之后,我走过去问:"老师傅,您练的是什么拳?"他说:"我练的是太极拳。"我又问:"什么是太极拳?"他怔了一下说:"你咋提出这么个问题,太极拳就是个名。就像人起名一样,还能问为什么吗?"对他的回答,我似乎有点不明白,但由于当时对太极拳知之甚少,也算接受了这一观点。四十多年过去了,我一直在什么是太极拳这个问题上疑惑、探索,虽然对此逐步加深了认识,但始终未能找出圆满的答案。

太极拳已有几百年的历史,迄今为止还没有一个明确的概念,也就是说还没有用一句高度概括的话给太极拳下个定义。太极先贤王宗岳的《太极拳论》对太极拳作了如下描述:"太极者,无极而生,动静之机,阴阳之母也。"尽管后人在什么是太极拳问题上总是用王宗岳这句话来表述,但仔细分析这句话也只是说了太极拳是什么,而什么是太极拳依然没有一个确切的说法。太极拳创始人张三丰曾对太极拳作过这样的论述:"是

技者，一招一势，均不外乎阴阳，故又名太极拳。"这句话也只是给太极拳定了名，还是没能解决太极拳的定义问题。太极拳历经几百年的发展历史，无数人为其著书立说，却始终没能给太极拳以完整的、准确的定义，其原因何在？笔者认为，这是因为太极是一个无限的概念，"大到无外，小到无内"，没有比太极再大、也没有比太极再小的空间事物，找不到能把太极概括下来的词，也无法用一句话来表述太极的全部意义，也就无法把太极拳用一句话概括下来。也可以这样理解，太极拳只可意会，无法言表，想它多大就多大，想它多深就多深。用这种模糊的说法来回答这个问题，是迄今为止人们都能接受的共同说法。

图1 起势 无极状态

太极拳是中国传统太极理论和传统武术相结合的产物，是以增强人的健康水平和提高技击能力为目的，用意识来支配，以内气来催动，用肢体来表达的阴阳转换运动。目的是区别行为的重要标志。如打麻将，以娱乐为目的是游戏，以营利为目的是赌博。太极拳创始人的初衷是为了养生、长寿，后来人们发现它有技击功能，经过演变，成为了专门用来技击的独特拳种。在冷兵器时代，技击是习拳人的主要目的。随着社会的发展，人们已进入了高科技时代，把技击当成练太极拳的唯一目的已不合时宜。练太极拳为了快乐、为了健康，已成为大多数人的共识。太极拳还有一个显著的特点，就是重意。肢体运动既受意识的支配，又是表达意识的方式。"用意不用力""势动意在先"等对意的强调是十分突出的。阴阳转换是太极拳的核心，离开了阴阳转换便不能叫太极拳。

运动目的、方式、内容表现运动的全部意义。太极拳独特的运动目的、方式和内容，使其不仅成为武术的一个主要派别，而且是中国传统文化、艺术的瑰宝。

第二节 产生和传播

太极拳的产生和发展是个历史过程，它是中国传统文化太极理论与中国传统武术及养生实践相结合的产物。它既不是某一天或某一年突然诞生，也不是某一人发明创造，是中国阴阳学说逐渐渗透到各个领域，以及武术不断提高文化艺术含量的必然产物。它是中国历代文人和武术名家共同创造的，是众人智慧的结晶。它的产生是历史的必然。

据记载，元代中叶有个叫张三丰的人。他博览古今，精通经史，对中国古代文化很有研究。但他淡泊名利，对经商、为官都不感兴趣。受葛稚川的《抱朴子》影响，他倾向于养生长寿之道。父母双亡之后，他便外出游访，走遍了中国的名山大川。后来到了陕西华山，所带的钱花光了，两名随从的童子也相继死去。当他正在独自一人感叹的时候，来了一位叫火龙真人的道士，把他带到了庙观。火龙真人根据张三丰的体质及意愿，

开始教他养生之道。张三丰刻苦好学,勤于修炼,经过几年的努力,学到了火龙真人的全部真功。后来,他继承了程灵洗、许宣平、程密等人的绝技,研究创造了一套集养生和技击于一体的武术套路,这便是后人命名的"太极拳"。

王宗岳是读书人,喜欢游山玩水。当他来到宝鸡金台观时,拜了一位道士学拳,这位道士就是张三丰的徒弟。王宗岳是位博古通今的饱学之士,对张三丰留传下来的拳术不仅练得好,而且研究得透,理解得深,并有新的建树和发展。他写了很多有关拳术的文章,其中《太极拳论》《十三势行功歌》独树一帜,被誉为太极拳理论的母篇,成为太极拳习练者的必读之作。

陈王廷和蒋发都是张三丰、王宗岳的继承人和太极拳的传承者。是他们把太极拳带进了陈家沟,如同种子播进了土地,从此太极拳开始生根、成长并向外传承。陈长兴、陈清萍开创了太极拳的一代新风,使太极拳成为武林独具特色的一个门派。杨露禅不仅在陈式太极拳的基础上别开生面、另辟新意,创编了杨式太极拳,而且将其带进了北京。从此,太极拳如雨后春笋在全国各地广泛流传。武禹襄在陈、杨二式太极拳的基础上,用《拳论》核心思想为指导,创编了武式太极拳,同时著有《十三势用功心解》《身法八要》等名篇佳作,把太极拳的拳技和理论都提高到了一个新阶段。全佑、孙禄堂他们又在杨式和武式太极拳的基础上,创编了吴式和孙式太极拳。这些人都为太极拳的产生和发展做出了突出的贡献,是太极拳的代表人物。每一式太极拳的产生,都是当时太极拳发展阶段和水平的标志。但是,不能认为博大精深的太极拳仅仅是他们几个人创造和发展的。没有伏羲、周文王的太极图,没有孔子、孟子的国学文化,没有老子的道家思想,没有佛教思想在中国的广泛传播,没有众多武林高手创造和发展的中国武术，就不可能有今天的太极拳。太极拳是历史的产物，是众人智慧的结晶，是中国文化发展的硕果。

太极拳没有停止它的发展步伐，随着社会的进步、现代科学的发展、西方文化的引进，太极拳还会吸纳各方的先进东西来充实自己，提高和发展自己。随着太极拳在世界各地的广泛传播，不仅中国人习练太极拳，许多外国人也喜欢习练太极拳。据不完全统计，现在全世界已有近两亿人练太极拳。太极拳已走出了武林之门，文化界、艺术界、学术界、体育界、教育界等方方面面的人群中，都有太极拳的爱好者、习练者、研究者。许许多多的人为其痴迷，苦心专研，深入探讨，并把电脑等现代科学技术运用于研究之中。过去太极理论和太极拳的好多不解之谜都有了明确的答案，神秘的太极拳越来越不神秘，古老的太极拳越来越不古老，它正以年轻的崭新姿态走近人民群众、走近百姓的日常生活。

图2　揽雀尾　意专神聚

第三节　门派

太极拳原本就无门派之分。杨露禅、武禹襄、全佑、孙禄堂等先贤们各自开创了太极拳特色的一代新风。他们的初衷并不是想别出新裁、另立门派，而是在所学的基础上，经过深入研究和长时间的努力探索，练出了自己的特点，有了新的风格，从不同方面发展了太极拳。是后人为了区别他们的不同特点和风格，才在他们所练的太极拳前面加上了他们的姓氏。后来，人们觉得以姓氏命名有很大的局限性。太极拳已走出了家族的大门，不是哪家哪户的。它已打破了家族传承的体系，广泛向社会传播，各氏太极拳都出现了许多外姓子弟习练和传承。因此，用姓氏来划分太极拳的种类已不准确。于是便把氏改为派，原来的陈氏、杨氏等太极拳便改成了陈派、杨派太极拳。但后来又有人认为把太极拳称呼为某某派，容易让人联系到武术的"宗派""门派"，所以这种称呼一度被许多人采用过，却没有得到广泛认可，于是又把"派"改成了"式"。迄今，以"式"来命名较为通用，并被社会认可。

应该说，人们现今习惯地把太极拳分别称为陈式太极拳、杨式太极拳、武式太极拳等，也是不完全准确的。太极拳是一家、一派，陈、杨、武、吴、孙各式，只是太极拳的不同练法，各自有各自的风格特点，不能认为是不同门派的太极拳。国粹京剧是分派的，但是它没有把梅兰芳大师的梅派艺术叫作梅式京剧，也没有把马连良先生的马派艺术叫作马式京剧。而称之为京剧梅派和京剧马派。因此，太极拳准确的称呼应该是太极拳陈式、太极拳杨式等。这就如同中国北京、中国上海，不能称为北京中国、上海中国一样，不能偏正颠倒、本末倒置。但是，现今把太极拳称作陈式太极拳、杨式太极拳的说法已成为人们的习惯，这么叫下去也算是顺其自然、合于众意吧。

可令人不解的是，目前太极拳的名目越来越多。什么循环太极拳、四维太极拳、轩辕太极拳、如是太极拳，甚至还有原地太极拳、轮椅太极拳等。这些为太极拳乱加定冠词的拳，都是那些对太极理论不求甚解、对太极拳的创意不负责任的人随心所欲，强加给太极拳的种种面纱。如果这样，盲人可以编造一套闭目太极拳，瘸子也可以编造一路虚实太极拳，躺着练可以编一套仰式太极拳，趴着练就可以编一套卧式太极拳了。太极理论包罗万象，太极拳特色繁多，但不是什么都是太极理论，什么都是太极拳。太极拳必须正名，太极理论必须还原其本来面貌。当今，在公园、在河边、在广场，太极拳被练得五花八门、千姿百态，其根源就是太极拳理论被庸俗化、被"普及"化的结果。

把太极拳当成筐，什么都往里装的人，并非想败坏太极拳的名声，而是对太极理论缺乏真正的理解，把本来是太极拳的某种练法，当成是某种太极拳了。但也不排除个别想出人头地的人，他们异想天开，妄图自立门派，在太极拳前面随意加个名词或动词，拳就成了他的，他就可以成为开创太极拳先河的名师了。

太极拳"虽变化万千，而理为一贯"。它虽有各式之别，但殊途同归，都是在习练阴阳转换的过程中实现回归自然，天人合一。它的习练方法、原则是共同的，要达到的目标是一致的。练太极拳不是目的，而是实现目的的手段。太极拳的各门各派如同过河的桥、远涉的船、行路的车，是实现一定目的的工具，是为实现统一目标的手段。学习太极拳可根据自身特点和意愿，选择一种最适合自己的派别习练，但不能在门派上纠结，更不能在各派不同练法上争高下、论高低。要在基本功上用气力，在基本理论上深入研究，力求有所建树。目前，经国家体育部门确定，被太极拳

界公认的太极拳派别有：陈、杨、武、吴、孙及赵堡六家传统太极拳，还有国家体委编的二十四势太极拳，即简化太极拳，还有与这些传统拳相对应的竞赛套路。

图3 单鞭 身备五弓

陈、杨、武、吴、孙五家及赵堡传统太极拳，是正宗的太极拳传承，各自有不同的风格和特点。以陈长兴为代表创建的陈式太极拳，是太极拳创立的标志，展示了太极拳的历史发展进程，它是历史。其他各路太极拳，都是在陈式太极拳基础上繁衍产生的。以杨露禅为创始人的杨式太极拳，继续了陈式太极拳快慢相间、刚柔相济的特点，突出了重意不用力的运行方式，动作如行云流水，它是艺术。外国人把太极拳称为东方芭蕾，就是看重了太极拳的艺术内涵。杨式太极拳是太极拳发展史的第二阶段。武禹襄秀才出身，是个文化人，他学拳是从先学理、明理开始的。他创始的武式太极拳十分突出文化内涵，武拳文练，用文来熏陶、来充实、来造就太极拳。武式太极拳是文化。它的出现，使习练太极拳的人开始了不仅仅把太极拳当武术来练，而且把太极拳当文化来学、当艺术来品的新阶段。孙式太极拳和吴式太极拳也各自有其特点，前者注重内修、开合，后者注重纳气、养生，它们是禅、是修炼心性的三门之道。

不管太极拳有多少家、多少派，都是一种阴阳转换运动，都是以练精、气、神为手段进行性命双修的。太极拳要发展，不管今后还将有哪式太极拳出现，都不能背离这一原则。

第四节　广义和狭义太极拳

对太极拳的认识有广义和狭义之分。狭义太极拳是把太极拳仅仅看成是武术的一个门派，仅仅当成拳来练。广义太极拳则是把拳、功、道、医等视为一体，把太极拳当成一种运动、艺术、文化去练、去修、去悟，从中得到多方面的收获。目前，在练太极拳的队伍中，对太极拳只是狭义理解，只把它当成拳来练的人占大多数。这些人练拳的特点是：第一，重套路。误认为套路才是拳，学会了套路就学会了太极拳。他们把套路会的多少视为太极拳练得好坏的标准，因此，努力学套路，拼命练套路，每天都要把所会的套路全部练一遍，生怕忘了。第二，重势子。不管是八十八势，还是一百零八势，每次练习都势势不落。他们把势子多少、前后顺序是否符合拳谱视为练得对错的标准，每天纠结于拳势之中，成了拳势的奴隶。第三，重姿势。每个姿势都务求好看无误，把姿势是否准确、漂亮视为练拳优劣的标准。这些人把姿势无误、好看作为追求的目标，每天在这方面下功夫。

狭义太极拳的习练者，把本来博大精深的太极拳看小了、看偏了、局限了。这种行拳方式，尽管也会涉及功和道的一些练法，也可能成为武功高手，但不能成为太极大家。他们需深化对太极拳的认识，加深对拳理、拳法的全面理解，真正走向广义太极拳的轨道。

广义太极拳糅太极拳、太极功、太极道于一体，聚武术、艺术、文化为一家，练的是精、气、神，重的是性命双修。广义理解太极拳的习练者，把拳作为一种载体，按着不同阶段的目标和要求，采取不同的方式，拳架练得规范，拳理体会得深刻，拳功掌握得自如，拳道修行得法。长年认真修练，不仅会提高功力，而且能加强修养，磨练心性。

广义理解太极拳的人，也有如下几个特点：第一，把练拳架和学拳理结合起来。重练拳，更重悟理，通过悟理指导练拳，通过练拳架加深对拳理的深刻理解。第二，把练身和修心结合起来。既求身体健壮，更求心地善良；既做武功高手，又做行德高人。第三，把练拳和平日行为做事结合起来。平日不忘练拳，用练拳的思维规范平日的行为，使自己成为一个太极人。

广义太极拳和狭义太极拳，不是两种太极拳，是太极拳习练者对太极拳的两种认识和理解。这两种认识无对无错，只是对太极内核理解程度的不同反映，这种理解和反映大多是无意识的。目前，好多人对太极拳的认识还停留在狭义理解的层面上。是因为这些人一方面缺少明师指导，另一方面学习拳理不够。我们要学习太极拳、练好太极拳，首先要认识太极拳，理解太极拳。什么是太极拳，太极拳包括哪些内容，对太极拳如何修炼，太极拳、功、道的关系等这些问题都要弄清楚，做一个明明白白的太极拳习练者。

第五节　太极操与太极舞

　　学习太极拳的初始阶段，由于还没有掌握拳的要领，练得不规范，所练之拳被内行人称为太极操或太极舞。这并不奇怪，这是多数人学太极拳的必经阶段。现在好多太极大家，甚至有的名家也是从太极操、太极舞开始起步的。其原因有三：一是，用力、绷劲等与太极拳相悖的运动方式是人们的生活习惯，要改变这种习惯是需要相当长时间的努力才能实现的。这种习惯不去掉，带进了太极拳，就使所练的拳变成了操或舞。二是，练拳应该从先明理开始，可是，现在学拳的人有谁是按这个顺序学练的。大部分人都是先从学拳架、学套路起步，在习练套路的过程中逐渐学习、掌握拳理，所以走了弯路，把拳练成了太极操、太极舞是难免的。三是，太极拳是项复杂运动，短期内是很难步入行家里手殿堂的，需要经过几年甚至十几年的长期努力，才能对太极拳的要领有所掌握，对太极理论有所理解。初学者走了弯路，把拳练成了操或舞是在所难免的，是不足为怪的。

　　拳与操、舞不同，练起来很难区别。其实道理很简单，就是在练拳的过程中是否做到了"以心行气、以气运身"，是否真正实现了"阴阳转换"，做到了便是太极拳，否则就是太极操、太极舞。练拳的过程就是自身阴阳转换的过程，而且这种转换是通过"以心行气、以气运身"来实现的。掌握了它就掌握了太极拳的基本要领。练拳过程中做到了这一点，就跳出了太极操、太极舞的圈子，步入了真正太极拳的轨道。

　　谁都不愿把拳练成操或练成舞。大多数太极拳习练者经过一段努力，

图4 合手 内外相合

逐步掌握了太极拳的规律，就能使自己的拳练得越来越规范，成为真正的太极拳。可也有少数人对拳理、拳法知之甚少，自以为拳练得很好，还没有意识到自己依然没有跳出太极操、太极舞的圈子。这些人应在拳理上多下功夫，真正弄明白什么是太极拳，太极拳练的是什么，怎样行拳走架，怎样提神用意，使自己真正做到"以心行气、以气运身"，不然他们将长久地"操"下去、长久地"舞"下去了。也有一些人用外家拳的行拳要领练太极拳。在他们看来，太极拳和长拳技击手段的区别就是快慢之差，把太极拳练成了运行速度慢的长拳。虽然不能说他们练的是太极操、太极舞，可这种习练方式完全背离了太极拳。如果说初学者把拳练成了操、练成了舞，他们只是走了弯路，只要意识到了，加以纠正，很快就可以步入太极拳的轨道。而那些认认真真把内家拳外练的太极拳习练者，就是与太极拳背道而驰了，如不经脱胎换骨的改变，很难走向太极拳的正确途径。

第二章 研究对象

第一节 太极理论与太极拳

太极拳是以太极理论为基础的拳术运动。太极理论即阴阳思想，也就是道的核心思想。"一阴一阳之谓道"，《易经》中的这一重要论述几乎概括了《易经》的全部内容，它是中国哲学思想的起源，是古人认识世界、解释世界的思想武器。

《易经》的最初创始者伏羲，看到太阳从东方升起，然后从西方落下，他就想天底下有一种力量把太阳从东方托起来，往西方拉下去，这种力量使得万物受到它的影响起变化，好像它就是宇宙的根源。伏羲想把他的这种想法表达出来，让人们都知道并接受。可那时还没有文字，他就在地上画了一条线，即—，来代表这种力量。这便是被后人说的伏羲一划开天地。

伏羲继续观察，发现太阳从东方升起时人们能够看见，当太阳从西方落下时人们便看不见了。有看得见的部分，有看不见的部分；有向上拉的力量，有向下拉的力量，一正一反，一上一下，循环往复，周而复始。于是，他又产生了事物和力量有互动、互立、互反两面性的观念。伏羲把看

不见的那部分及向下拉的力量用两条短划来表示，即--，并把开始的一长划和这两条短划组合在一起，即☰。这便出现了阴阳组合图，它是太极八卦图的基础，也是核心。伏羲是个爱动脑的人，经过反复琢磨，把宇宙的八种自然现象用阴阳图表示出来，并把它们巧妙地组合起来，便创造了先天八卦图。后经周文王、孔子、周敦颐等无数中国古典哲学创始人和继承人的演变、发展，形成了后来的后天八卦图，并赋予了文字表示。

太极图是提示阴阳变化的图。"阴阳者，天地之道也，万物之纲纪，变化之父母，生杀之本始，神明之府也"。太极图揭示了宇宙间万物变化的规律，给人以认识宇宙、解释宇宙、依赖宇宙之武器。一张世界地图展示给我们的是全球的地理、地貌，一幅太极图展示给我们的是天地变化的规律。世界地图在胸，我们可以对世界各地的位置了如指掌。一幅太极图在胸并真正掌握了它，我们就会对世间事物的变化如掌上观纹。从无限中找到有限，在有限中想到无限。

太极思想从萌芽起到现在已有七千多年的历史，它从产生时起，就被人们所接受、所推崇、所利用。它以世间一切事物为研究对象、为基础，并渗透于一切事物之中。其中太极拳就是这种思想渗透于中国养生术和传统武术的必然产物。

太极拳虽然仅有三百余年的发展历史，但它对太极理论接受得最全面、最透彻；体现得最深刻、最具体；运用得最灵活、最到位。自从有了太极拳，太极理论便成了看得见、摸得着的客观实在，便成了亿万人民群众自愿接受、不断实践、身体力行的自觉行动。太极拳把太极理论体现得淋漓尽致，一提到太极，人们即刻想到太极拳。太极成了太极拳的简称，太极拳成了太极理论的代名词。太极拳承载的太极思想是其最有价值的部分，它把太极思想揭示的事物演化规律，通过神、意、气之阴和形体之阳的"阴阳互通"体现在习练之中。它把太极思想的阴阳互换，通过虚实变化展示出来。"静中融动动犹静",这一太极拳的动静观,是太极思想阴中有阳、阳中有阴核心思想的具体体现。虚实分明、性命双修、刚柔相济、动静互生等,太极拳的好多练功方法、走架要求以及理论论述、思维方法,都是太极理论在太极拳中的运用和体现。太极理论为太极拳提供了理论基础,是太极拳产生的前提,没有太极理论就没有太极拳。每一个太极拳习练者,应把学习和掌握太极理论作为练太极拳的一个重要内容,只有掌握了太极理论,才能理解太极拳,练好太极拳。对太极理论一窍不通的人,是练不好甚至是练不了太极拳的。太极拳在人体运动、医疗技术等方面发展了太极理论,把太极理论提高到了一个新阶段。太极理论的属性决定了太极拳不仅仅是武术、是健身方法,而且是文化、是艺术、是智慧、是思维方法、是医学、是国学,甚至可以称之为是"人们为人做事的说明书"。每一个太极拳爱好者、习练者千万不要把太极拳仅仅当成拳术来练。如果那样,太极拳的价值就大打折扣了。

图5　白鹤亮翅　意气饱满

第二节　自然属性

　　有一位画家，在他100岁生日时，同事、朋友来为他祝寿。有人问他长寿的秘诀，他背了一首自己做的诗："不参菩萨不拜禅，不练气功不打拳，世间无有长生药，顺其自然过百年。"他直言不讳地告诉大家，长寿的秘诀就是一切顺其自然。自然是什么？自然是客观存在的现实，自然是事物变化的规律，自然是人类生存的过程，自然是道法归一、天人和合的必然结果。一切事物自然了便合理了、顺畅了、发展无碍了。太极拳是研究人与自然关系的一门学问。人生活在自然之中，自然给人以滋养，人要按自然规律行事，人与自然和谐相处万事兴旺发达。人们要描绘自然的美景，于是便有了画；人们要颂扬自然的奥妙，于是便有了歌；人们要抒发对自然的感叹，于是便有了诗；人们要实现与自然的和谐，达到天人合一、健康长寿，于是便有了太极拳。太极拳拉近了人与自然的距离，找到了实现天人合一的途径。

　　"天人合一"只是人们的一个理想目标，如果真正完全实现了这个目标，那么人就可以"与天地同寿，与日月齐光"。其实这个目标只能逐渐接近，很难穷尽，因为它本身就是一个无限的过程，是个理想的、无法穷尽的目标。"天人合一"又是个实实在在的过程，是人们每天都在践行的具体做法。比如呼吸、吃饭、睡觉等人的所有行为，都是在这个过程中行进。太极拳的作用就是为这个过程指点迷津，为其铺石筑路。

　　首先，太极拳揭示了天地阴阳变化与人体阴阳变化的一致性，提出了天地是大太极，人体是小太极的天人统一观。天地的阴阳变化直接影响人体的阴阳变化。春生、夏长、秋收、冬藏四季更替作用于人体的升消；

风雨雷电等自然现象会给人的喜怒哀乐增减砝码。太极拳告诉我们，不能逆天而行，要使人们的行为顺自然、合天道，这样我们的身体才能更加健康，我们所做的事才能达到预想的结果。

其次，太极拳以静为本的行拳要领是天地原本无极、无极生太极思想的具体体现。主静是回归自然的前提条件，静是自然的第一属性，静极生动，万物在寂静中变化；动极复静，人体在寂静中恢复。要实现人与自然的高度统一，离开了静是不可能做到的。

再次，太极拳"用意不用力"所倡导的是在行拳过程中不盲动、不妄动，要完全顺其人体的自然变化规律。骨肉要放松，气血要顺畅，精神要坦然，这都是实现人与自然和谐一致的好方式，是践行"天人合一"的好做法。

最后，"性命双修"是太极拳的突出特点，也是实现人与自然相统一的重要方法。人是客观与主观、精神与物质的统一体，性是指精神，是心理活动的范畴；命是肉体，是生理变化的范畴。性命双修就是把精神和肉体、心理与生理结合起来同时修炼，既练身，又修心。这正是阴阳共济，正是事物互相联系、互相影响、整体变化、共同发展的自然法则。

以上这些都表明，自然是太极拳的重要属性，自然界中事物的各种变化都能在太极拳的行拳中显现出来。太极拳的习练过程就是描绘太极图的过程，就是演绎阴阳变化这一自然基本规律的过程。因此，学练太极拳必须自觉地做到知晓自然、依赖自然、顺其自然、融入自然。

人虽在自然中生活，但要了解自然、知晓自然还是比较困难的。自然和太极一样，其大无外，其小无内，而且不断变化，永无休止。人的认识是有限的、局部的、阶段性的，当你认识了、知晓了一些事物之后，又有许多新的不认识的事物出现。新事物是层出不穷的，人们对事物的认识永远不能穷尽。即使是现存的事物，受客观条件和主观偏见的影响，也会出

现错误的认识。阴阳变化是世间事物变化的一条基本规律，由于在具体事物中把握不住，往往会出现偏差和失误。身体生病、人际关系处理不好，都是阴阳失衡产生的恶果。练太极拳需要知晓自然，练太极拳又能帮助我们更好地认识自然，练太极拳的过程就是人与自然结合的过程，练对了就自然了，自然了就练对了。

依赖自然是要能动地接受大自然赐予人类的恩惠，正是这些恩惠使我们有了生存和发展的条件。自然给了我们阳光、空气、水分以及食物，我们要学会充分利用、合理利用、有选择地利用、恰到好处地利用，使其为我们造福。这些有益的东西如果利用不好，也会给我们带来麻烦和痛苦。自然为我们造福，同样也会给我们带来灾难，如水、火、风灾。我们在享受自然的同时，也要同自然做斗争。

顺其自然是习练太极拳所必须做到的。太极拳的行拳准则与日常生活的做法有些是相悖的。日常生活中，各种运动都是用力来完成的，而太极拳却要用意不用力；日常生活中行为做事都要紧张起来，而太极拳却要求时刻都必须放松；日常生活中各种节奏大都以快为佳，而太极拳却要"越慢越好"。不仅行为方式如此，思维方式也是这样，如"只问耕耘，不问收获""内求本具""练拳不是为了打败别人，而是为了战胜自己"等。这些太极拳的独到之处，都是回归自然的好方式，体现了太极拳是回归的拳，是逆向的功，是与人们在日常生活中形成的不良习惯反其道而行之的修行之术。

融入自然是指长期习练太极拳，使习练者不仅拳练得顺、练得自然，而且自己的行为规范、举止言行越来越与自然法则相接近，使其在自然中获得舒适、获得快乐、获得成功、获得更加的自然。

自然给人赖以生存的环境。人要生活得更美好，就必须了解自然、依赖自然、逐步融入自然。要达到这个目的，"人与自然的关系"是不得不研究的课题。太极拳就是从这门课题入手，从理论和实践的结合上去探讨、研究、揭示其奥秘的。每一个习练太极拳的人，如果真正练好了、弄通了，那么他一定会自觉地把握自己，使自己在自然中自由翱翔。

第三节　气是沟通人与自然的纽带

实现"天人合一"，达到人与自然的和谐，"气"是结合点，气是沟通人与自然的纽带。

气是无处不有、无处不在的。自然界离开了气便不复存在，人离开了气便无法生存。自然界通过气给人以滋补，人通过气对自然以依赖，人不能离开自然是通过气来体现的。

世间充满着气，气是构成世界的细微的精密物质，"为万物之本"。改善物体、事物的结构要从气的改善入手。自古以来，人们解释宇宙的生成、发展、变化，揭示事物的变化规律大多是通过"气"来完成的，人们认识世界也是从"气"开始的。

在自然界中有天气、地气，有阴气、阳气，有山川江河之气，有谷粟稻米之气。气的生消、变化、运动，气的形态、阴阳转换，对世间一切都起着决定和影响作用。

人也离不开气。在人体中既有从外界直接吸入的氧气，又有从五谷杂粮中间接吸收的营养之气，还有先天带来的元气。这几种气溶解合和形成了人体多种多样的气。其中有宗气、营气、卫气、心气、肺气、脾气、肝气、肾气等，它们各自在起作用，直接左右人的行为，影响人的健康。如营气是存在于人的血管内的一种气，它与血合称为气血。血的运行是靠营气来开路、来推动的。气为血之帅，气通则血畅，气滞则血

淤，气结则血凝，气虚则血脱，气迫则血走，气盈则血旺。气血不通则百病丛生，气血通顺则百病皆无。其他各气也是如此，对人体健康起着至关重要的作用。

外界的气与人体内的气转换、融合，是人与自然沟通、实现"天人合一"的重要渠道。这种溶合与转换的方式有很多，太极拳习练者主要采取吸气、采气、纳气、运气、行气等方法来实现。

吸气，这是每个人都必须进行的生命活动，大多数人都是在不自觉状态下进行的。太极拳习练者把呼吸分为腹式、胸式呼吸，顺式、逆式呼吸等方式，自觉地、有目的地进行，经过长期训练，使自己的肺活量增大，呼吸深长，从而达到增进健康、延长寿命的效果。

图6　搂膝打掌　力由脊发

采气，是通过人体各器官与外界的接触，主要是与空气的接触，把外界的各种变化感应到人体内里，对人体内各种气产生影响。太极拳习练者采用闭气、应气等方式，有选择地接受这种影响和感应，使内气运行和自然界气的变化趋于协调，从而增强人对外界的适应能力，达到抵御疾病、增进健康的目的。

纳气，是通过口腔、鼻腔、皮肤等人体器官，采用吐纳的形式，使自然气与体内气形成循环，把内气、外气，阴气、阳气混元一体，遍布全身，滋补各器官。通过长期、自觉的习练，不仅可以强身健体，而且可以壮力，提高技击能力。

行气，是用意识引导内气（主要指营气）运行，使其畅通无阻，以此来打通各经络，尤其是任、督二脉，百脉皆通，百病皆无。打通百脉，是练太极拳的重要目的，也是衡量功夫高低的主要标志。武禹襄《拳论》的第一句话就是："以心行气、以气运身。"行气是练拳的重要手段，不会行气就不会练太极拳。气运行流畅了，拳也就练得自如了。

运气，是通过引导，把气（主要指卫气）聚积到一处，对外可有力地打击目标，对内可有效地保护自己。那些所谓的"刀枪不入的人"，就是通过运气来实现的。

还有养气、使气、化气等许多练气的方法。要特别指出，练气是个比较复杂的练功程序，要进行深层次的探讨，须在明师的指导下进行，否则，不但收不到预想的效果，弄不好还可能出现偏差。

气的这种连接人与自然关系的作用，决定了它在太极拳习练中的地位。一个明智的太极拳习练者，都是把练气当作第一要务。静坐、站桩、练功等，成了他们习练不可缺少的环节，在行拳走架中，也是把气的运行放在首位。但要切记，太极拳练气不同于气功，它有自己独特的要求和练法，切不可将两者混淆。

第三章
太极拳练"精、气、神"

天有三宝"日、月、星",地有三宝"水、火、风",人有三宝"精、气、神"。太极拳练"精、气、神"。

第一节 精

"精"是构成人体的原始物质,或称"先天之精"。《黄帝内经·素问》曰:"夫精者,生之本也。"《灵枢》云:"两神相搏,合而成形,常先身生,是谓精。""精"又称肾精。"肾者,主水,受五脏六腑之精藏之"。五脏六腑之精为后天之精,由脾胃运化食物而来。广而言之,人体内所有以液态形式存在的物质都可称之为精。精与人的生命息息相关,精运而人生,精变而人长,精足而人兴,精疲而人枯,精尽而人亡。人的生旺兴衰从某种意义上讲是由"精"决定的,要身体健壮,要益寿延年须从练精、养精开始。

太极拳独特的行拳特点,是练精、养精的最好方式。

练形生精,精的滋养是从练形开始的。"身法八要"是太极拳的基本要领,严格按此行拳走架,即可收到练形生精的效果。"身法八要"是:

提顶、掉裆、沉肩、坠肘、涵胸、拔背、裹裆、护臀。

提顶。立身中正，全身放松，目平视正前方，头要正直，不低不昂，下颌微收，喉头不抛露，保持自然松静状态。神贯于顶，神态自然，脊骨拉长，周身骨节能够节节贯穿，圆活灵通。"精神能提得起，则无迟重之虞"。头为诸阳之会，精髓之海。顶提起来了，气血通泰流畅，聚精会神，专心致志，灵敏莫测，变化无穷。

掉裆。掉裆是与提顶相联的。头顶百会穴与裆部会阴穴如同有一条线贯穿。提顶可携起全身，裆部予以协调一致，犹如井中打水，上面提起绳子，下面水桶就被吊直。腰肌宽舒，胯根松开，轻灵而不漂浮，沉稳而不重滞。提顶吊裆，使百会穴与会阴穴的连线与地面始终保持垂直，就能做到"立身中正安舒，支撑八面"。

沉肩。也叫松肩。肩关节自然松开并下沉，使其无丝毫用力之感，无耸肩之状。腋半虚，上臂撑起，两肩灵活，两臂有弹性。长期训练，可使锁骨与肱骨脱开，间隙加大，这样血下流顺畅，气下沉无阻，自然精血旺盛。

坠肘。肘尖朝下，略有坠落之感。从而引动上身无漂浮之虞。武式太极拳有"身备五弓"之说，坠肘是使臂形成一张弓的关键。也只有做到了坠肘，才能"蓄劲如弯弓，发劲似放箭"。

涵胸。立身中正，两肩微有向前合之意，使胸不前挺。涵胸是在沉肩、松肩的前提下进行的，它能使心气下沉与肾气相交。能涵胸，才能

图7　进步搬拦捶　进之者愈长

做到"以心行气、以气运身"。但要特别注意，涵胸不是凹胸，更不是躬背。涵胸要微、要轻、要自然。

拔背。脊骨自然竖起，头颈有上拔之意，身躯背拉长。拔背与涵胸不能截然分开，在动作上要连贯一致。前能涵胸，后能拔背，全身上下前后才能成为一个整体，力才能集中释放。

裹裆。如同骑在马上，两膝内扣有相裹之意。两腿略屈，重心下沉，身稳形正、虚腿、胯根微向内掩，将裆护住。双腿胯根有微合之意，双膝不可用力内裹成夹裆之势。

护臀。臀部松沉自然前合内敛，二阴内收。在自然状态下放松下沉，使臀部不向外凸。护臀是"八法"中最为紧要的要领之一，做到了护臀，立身才能中正，运身才能灵活，肾气才不至于下泄，才能实现心肾相交。

身法八要即"外八要"，是对身体各部位的规范，从外形讲它合于形体和骨骼的生理要求，对内可使脏腑平抚，得到按摩。气沉丹田、腹内鼓荡、心肾相交。长期严格按"外八要"行拳走架，定能收到"练形生精"的效果。

第二节 气

"气"是人体内部精微的物质能量形态。是看不见却能感觉到、摸不着却在起作用的客观实在（前节提到的"气"主要是从人与自然关系的角度看"气"，本节讲"气"主要从太极拳的练功角度研究"气"）。练太极拳讲究"人在气中，气在人中"。内功的训练主要是通过练气来实现的。修阴阳中和之气是练太极拳自始至终的追求。

"气"古人写作"炁"，由上下两字组成，上是无，下面四点是火的变体，意思是说"无火"便是"炁"。五行中火为心，即现今俗称的心火，无"火"即无"心火"。无思无妄，这样才能进入"炁"的境界。中医治病是通过理气达到气血顺畅、五气平衡来实现祛病强身的；道家修身是通养气达到气息平和、阴阳平衡来实现道法自然的；太极拳强身是通过练气达到气足精旺、神意饱满来实现健康长寿的。

中和之气是阴阳二气相互交感而化成的和气，太极之功就是通过行拳走架、站桩运步等方式，通过松、沉、轻、柔、慢、匀、圆、整等功法，

使心肾之气上下相交，自然之气与人体之气内外相交，先天之气与后天之气混元相交，进而达到练精化气、练气还神之目的。

在行拳走架中，做到"松、沉、轻、柔、慢、匀、圆、整"，也就是"中八要"是很不容易的，它是练内功的关键，是太极拳"功法"的重要组成部分。

"松"，主要指的是体松。"心松"即"思想松"，是更重要的松，那是太极心法所涉及的内容，本节着重讲的是体松。松就是不紧，全身自然舒松，从头至脚，从四肢到躯体，从表皮到内脏，无处不松，全身每一个关节都放开，无丝毫的桎梏。松要彻底，但不能懈。它的标准是：既不挂一丝的力，又有气掤的感觉，不能失控。

"沉"，即沉气。练太极拳神是上提的，气是下沉的。"精神能提得起"，则无"迟重之虞"，"气沉丹田"才能不偏不倚。气沉要用意，但不能苛求，要顺其自然。只要不努气、不憋气、不提气、不故意用气、不较劲，气就自然沉下去了。

"轻"，是指身轻。主要是要求练拳过程中动作要轻盈，形如飞燕，步似猫行。要做到身轻，首先要心轻，无有丝毫的负重感，不觉点滴的着力处。一身轻松，动作敏捷。

"柔"，是太极拳独特的属性，也是制胜的法宝。有人把太极拳称柔性拳，其练功总诀是："修阴阳中和之气，练天地至柔之术。"老子曰："天下之至柔，驰骋天下之至坚。""以柔克刚"就是指柔的可贵之处。老子用婴儿作比喻，说："为天下豁，常德不离，复归于婴儿。"讲的就是人经过长年的修炼，能像婴儿那样至柔，就可以健康长寿。练拳须在柔上下功夫，达到"返老还童"目的。柔不是软，习拳"用意不用力""以心行气，以气运身"，长年坚持，身体自然"柔"了。

"慢"，太极拳要求习练时速度要慢，慢而不停，越慢越好。慢适应人体生理变化的节奏，慢符合气血运行的规律。慢能生慧，慢可使运动形态和生命过程得以放大，慢能收到锻练人五脏六腑的最佳效果。站桩时呼吸要慢，走太极步时步伐要慢，盘架的速度要慢，练器械也要慢。慢能体会到气血的运行，慢可感受到练拳的愉悦。太极拳是在慢的速度下运行的，却能从诸多方面得到快的回报。

"匀"，主要强调练功时呼吸要匀，行拳时速度要匀。"动中寓静"主要的表现形式是"匀"，拳似"行云流水"，也是通过"匀"来达到的。"匀"是一种相对的静，心平气和、体态从容、姿势优美都通过"匀"来实现。"匀"的另一层含义是动作匀称，架式不可忽大忽小，身体不能忽高忽低，动作协调，心气顺畅。速度匀也不是绝对的。有的拳种要求快慢相兼，这是因为有些动作，如二起脚、摆莲腿，还有些发力动作等是必须要快的，这不影响整套拳架的匀速运行，不影响整个身体的协调一致。

"圆"，是练太极拳的特殊要求，也是其健身强体的独道之处。太极图是圆的，黑白阴阳鱼在圆的范围内做圆的运动。练太极拳的过程就是描绘太极图的过程。肢体的各部位都呈现圆的架势，行步、展臂的所有运动都遵循圆的轨迹，处处体现圆。因此有人把太极拳称为圆的运动、画弧运动。圆润才能顺畅灵活、圆满才能到位成功。太极拳所以有明显的健身效果和突出的技击能力，是与圆的功法分不开的。

"整"，是要求习练者身形协调一致，行拳完整一气，一动无一不动，一静无一不静，周身一家，开合有序。"六合"即手与脚合、肘与膝合、肩与胯合（外三合），力与气合、气与意合、意与心合（内三合），就是突出强调和体现一个"整"字。

功法八要即"中八要"的行功效果是非常明显的。必须做到"八要"

同时具备，同时起作用，不能顾此失彼，不能有先有后。按此要领长年训练，内功自然上身，"练精化气"的效果必然能够实现。

第三节 神

神是脑细胞活动的产物，是大脑的主宰意识，是指人的精神。动物也有大脑细胞的活动，它也有神。人的特殊之处除了有神之外，人有意，而且会用意，意是神之用。太极拳的神是指"阴阳不测之谓神"。神是人的主宰，人的全部活动都是由神来控制的，神的状态直接决定人的兴衰。太极拳十分强调神的作用，十分注重神的训练和调养，关于神的论述也特别多。张三丰在《太极拳敛神聚气论》中指出："意者，神之使也。神气既媾，而太极之位定。其象既成，其位既定，氤氲化生，而谓之二七之数。""学太极拳、为入道之基，入道以养生定性、聚气敛神为主。""心性不能相接，神气不能相交，则全身之四体百脉，莫不尽死。"王宗岳的《太极拳论》说："由着熟而渐悟懂劲，由懂劲而阶及神明。"也是强调"神"的重要性。武禹襄对神的论述更多，他指出："精神能提得起，则无迟重之虞，所谓顶头悬也。""心为令，气为旗，腰为纛。""先在心，后在身。腹松，气敛入骨，神舒体静，刻刻在心。"先贤们的这些论述，既强调了神的重要作用，又阐述了神的练习方法。

意是神的表现形式，是神之用。神清意明，神聚意足。养神、聚神、提神等对神的修炼是通过用意来实现的。人顺意了、如意了、满意了、得意了，神自然就爽快了、振奋了。

练神、养神须从以下几方面入手。

松身。"松柔是人的天生本性"。由于人在长年的生活中形成了一些与"松"背道而驰的习惯。也由于劳动、生活的需要及岁月的增长，人身渐渐老化了、硬化了，从而产生了各种不适。要改变这种状况，使其缓解，就得设法使身体松下来。第一，在思想、情感、意念上确立一个观点：我一定能恢复人的本性；第二，使自己的身体有一种虚无的感觉；第三，不要轻易用力、耗力，更不能用爆发力和超负荷用力；第四，清除头脑紧张，排除心中妄念，使心脑保持宁静。身松了、心静了，神自然得到滋补。

空腹。内里要有空无的感觉，"腹内松净气腾然""腹内空净神自安"。如果胸腹胀满，就会六神无主、坐卧不安。能否做到空腹，关键是对意和气处理得当，不可执着追求腹空，更忌刻意气往下沉。"气沉丹田"不是硬沉，而是自然地、缓缓地注入丹田。如果硬往下沉，将会导致腹部僵硬、气血阻滞，这不仅不利于顺气，也不利于养神。

空腹还要处理好胸腹关系，要上虚下实。这是指气往下沉，注入丹田。气不可逆行，不可上腾。腹式呼吸是实现上述目标的好方式，就是通过腹部的起伏进行深呼吸，有气入腹腔的感觉。如能感到气由腹继续下行，经双腿由脚入地，那便达到了更深层次的功夫。以上这些都不是强为的，练功要顺其自然，实现目标更要顺其自然，不能急于求成。

平心。"心为令，气为旗"，是说在太极拳习练的过程中，心是决定一切的，不用心则一事无成，心不在焉则万事俱废。练拳就是练心，修身就要修心，养性就是养心。心是主宰，练好心是练好其他各项功法的前提。练心的关键是护心、正心、平心。"护心"是要保护好心，使其不受伤害，要防止肉体的损伤，避免外来打击，耐住各种压力。"正心"是要有公正的心、正直的心。心不正形自偏，心邪路必弯。心正了练拳才能不偏不倚，才不会走弯路、走邪路。心纯正的人是一定能把太极拳练好的。"平心"，一是指习练者始终要有一颗平和的心，"富贵不能移其志、官

禄不可动其心",求不可超,欲不能过。二是指习练者始终要有一颗平静的心,要胆大心细,处事不惊,既不大喜,亦无过悲。如果做到了总是保持一颗平和的心、平静的心,何谈养神不成、功夫不就。

蓄力。"用意不用力"是太极拳的行拳准则。不用力不是没有力,练太极拳不能把自己练成手无缚鸡之力的弱者,力大无穷也是习练太极拳人的愿望和追求。"四两拨千斤""耄耋御众"是指在力不及对手时采用的一种技巧。用意不用力强调的是用巧力、内力、整力,这种力不是靠举墩子、练哑铃得来的,而是靠练气、养神获得的。而且这种力不轻发、不妄发、不乱发,"曲中求直,蓄而后发""力由脊发,步随身换""蓄劲如弯弓,发劲似放箭""气以直养而无害,劲以曲蓄而有余"……先贤的这些名言,都是强调蓄力的作用和功效。蓄力能壮力,亦是养神的好方法。劳神伤力,是从神对力的作用而讲的。反之,伤力也会劳神。凡注重养神的人,是不会做伤力的事的。养神通过诸多方面来实现,其中蓄力是重要的方式之一。

图8 撇身捶 步随身换

全形。是指身形要紧凑、完整、协调，无凹凸处，无散乱处，做到身形圆满，体态从容。全形是通过调身来实现的，就是调整身体各部位，使之达到练功规定的姿势要求，从而体静神舒、轻灵圆活、上下相随、内外一致、形整势圆、紧凑松展。太极拳重内不重外、重意不重形，并不是说形体不重要，而是强调行拳是由外到内、由表及里的练功过程，从外形开始，最终达到训练内功的目的。太极拳更强调内外一致、表里如一。没有一个好的、合规矩的外形，是不可能有内功的。练拳习武先从全形开始，"千里之行，始于足下"，只有认认真真把身形练好，把套路掌握娴熟，神气的训练和提高才能得以实现。

品感。即品察自身感觉。太极拳修炼到一定阶段，全身会出现一种感觉，人们称它为"气感"，也有叫"磁感"的。这种感觉有的舒适、麻热，也有的感觉胀痛。这是内气产生流动的一种现象，是习拳达到了一定程度、具备一定功夫出现的结果，说明练太极拳有了效果，有了内在的反映，引发了内动。对气感要细心地、慢慢地品察，这是一种享受太极拳的过程，它能使人感到愉悦，获得舒适，增强习练者兴趣和信心。而且在行拳中品察气感，是使人进入太极状态的有效途径。在这种状态中行拳走架，心是透彻的，神是清净的，气是顺畅的，形是自然的，身是舒适的。

也有的气感是浊气作怪所致，务必设法予以排除，否则对健康是不利的。不过这种情况极少，只要不刻意追求，正确引导，顺其自然，无益的气感就不会产生。

守意。是要用意专一，"意不专心必散，心散则神不宁"，"心猿意马"是练不好太极拳的。意的本体为神，用意就是用神，练意就是练神，无意便是养神。平时我们做事都是用意的，它要耗费精神。练太极拳用意专一，随意性强，这样可以练神。功夫达到一定水平，到了可以无意的地步，便能宁神、养神了。神无形无象、虚无渺茫、捉摸不定，它只能用

意来体现、来规范、来撑控。意到神到，意无神清，太极拳的招式是用意来描绘的，显现的是神。评价太极拳习练的优劣，主要看其意念引领招势的程度。用意行气，以气运身，反观自性，方可"阶及神明"。练意先从用意专一开始，渐渐达到随心所欲，也就是随意阶段。通过长年的训练，进而实现无形无象、无欲无求，也就是无意的状态。这种状态是很难实现的，古往今来，能实现的屈指可数。练拳能做到随意就很难得了，就能达到练神、宁神之目的。

厚德。学练太极拳是讲德的，无德练不好太极拳。德是一种修养，是一种境界，练拳就是通过这种修养，达到这种境界。练拳讲德是因为，有德人掌握了太极拳才能造福社会，有益人民，才不会玷污太极拳纯尚的品性，才不会使其成为歪门邪术。有德人学练太极拳才能目的明确、用心专一、持之以恒。才能全面认识太极拳，深刻领会太极拳，真正把握太极拳，更好地运用太极拳。"心底无私天地宽"，天地宽了，人才能心旷神怡，气度宏大，神态从容，乐观处事，与人为善，而这些正是习练太极拳所需的品德和风格，也只有具备了这些品德和风格，人的神才能得养。养神必须厚德，厚德的人严以律己，这是太极拳"内求本具"的具体体现。凡事从自身找原因，这样才能修炼、完善、提高自己。有德的人可以练好拳，练拳的人能够不断提高自己的道德水平。这除了太极拳重德、无德不教、失德不纳、"德"字当先的主观因素之外，太极拳的"性命双修""道法自然""弘扬正气""立身中正"等客观习练方式，也是练拳人得德的必终之路。

以上是心法八要，即"内八要"。它是养神、聚神、凝神的妙方，是提领全局的关键。练太极拳只要长年坚持，功力就会不断提高。没有"内八要"修炼，就无法实现"练气还神"的效果。而没有神的引领，练功就缺了正确引导，就会徒劳无功，甚至误入"邪功"的歧途。

第四章
习练内要

第一节　基本功

任何体育运动都讲基本功，武术运动尤其如此。练外家拳特别强调腿脚的训练，腿脚功夫是外家拳的基本功。初学者先从学十路弹腿开始，踢脚、压腿、站马步桩等是每天必练的。即使是有几十年练拳经历的老者，也要每天在这方面下功夫。学练外家拳是要吃苦的。练太极拳却不然，它虽然也对腿脚要求很严，却不以脚踢得高、腿压得低为衡量拳功高低的标准，因此，无需在踢脚、压腿上下太大功夫。太极拳练的是精、气、神，松、静是习练者的基本功。松、静是目标，更是平时训练的要求。是否达到了松、静，是衡量太极拳功夫高低的重要标准。习拳过程是否在松、静的状态下进行，是能否提高太极拳功夫的唯一途径。

凡学太极拳，必须在松、静上下功夫，得松、静者得太极。

太极拳的一项基本要求是"用意不用力"，不用力就要放松。松了，全身的经络才能通畅，气血才能运行无阻，精、气、神才能得到更好的滋补；松了，各个器官和四肢才能得到充分的休息，全身才能感到更加舒适；松了，动作才能灵活，运行的整体性才能显现；松了，身体各处才不

图9　肘下看捶　不偏不倚

会出现死滞，粘、黏、连、随才能运用自如。松是练太极拳的第一要务，学拳先学松，不会松就不会太极拳。松要做到三松，即体松、内松、心松。就是身体各部要松，内部各器官要松，尤其是思想要松、心情要松。练太极拳的过程就是一个放松自己的过程，完完全全把自己真正放松了，太极功夫便在不知不觉中上身了。

"主静"是道家倡导的思想，是习练太极拳的最高原则。"太极者，无极而生，阴阳之母，动静之机也"。练太极先从无极开始，无极的基本特性就是"静"。王宗岳说的"静中触动动犹静"，是习练太极拳的人必须遵循的一条准则。静为太极之本，离开了静，太极拳就无从谈起。学拳先学入静、守静，练拳过程自始至终要保持静。主静是太极拳的突出特点，是与其他拳种的根本区别。太极拳的动是静到极致后产生的，是静态中的动，离开了"静"，各种动便是盲动、妄动、乱动，都是一种物动。只有心静产生的动，才是真动、意动、神动。静中有动，动中有静，动静相济，静是本源，是主导，是起决定作用的方面。做到入静是十分困难的，原因是它既不是师父教出来的，也不是靠下苦功夫练出来的，它是在性格的作用下，日积月累悟出来的、修出来的、培养出来的。这里既有后天的努力，更有先天的遗传。这如同睡觉时做梦一样，不以人的意志所决定。多少人练了十几年、几十年，甚至毕生修练，依然不能很好地解决这个问题。不能入静，不是他主观不努力，而是天所使然。太极拳不是所有人都能练好的。其决定因素就是因为不是所有人都能入静，不能入静的人是练太极拳的"残疾人"，永远练不好太极拳。入静有先天因素，但也不是天定的，只要注意自身的修养，加强对环境的适应，提高应变能力，不能入静的问题是可以逐步得到改善的。

松和静是练太极拳过程中须臾不可离开的。松要在静的状态下实现，静的前提是松。只有思想放松了，没有丝毫的紧张情绪，心才能真正静下来。静了才能松得完全、松得到位，它们是相辅相成的。练这项基本功的时候要松静同时练，同样下功夫，不可偏废，不可顾此失彼。

第二节 处理好三个关系

学练太极拳，从开始就面临摆正三个关系的问题，即技击与健身、明理与习练、广学与深研。这三个关系处理不好，练拳就不易收到好的效果，还可能会走邪路。

一、技击与健身

太极拳既有技击功能，又有健身功能，这是由太极拳的性质和特点决定的。两者是统一的，习练者只要不一味追求某一方面，技击能力和健康

水平就会同时提高。但是，在现实生活中，确实有一些练太极拳的人，没有把这两者的位置摆正，不是把太极拳作为技击打人的手段，就是把太极拳看成了"老人拳""健康操"。

前者，下苦功夫增强体力，千方百计提高技巧，有的甚至像练长拳一样训练自己的抗击打能力。他们背离了太极拳"用意不用力"的宗旨，错误地认为不吃苦、不耗力怎么能提高功夫，怎么能在与别人的交手中争胜。在他们看来，能把对方打倒的拳就是好拳，能把对方打倒的人就是练拳有功夫的人。

后者，没把练太极拳当成武术，只看到了太极拳"不用力""慢"的外表，没有看到太极拳的"劲"和"功"的内涵。他们不知道太极拳有"四两拨千斤"的技巧和"耄耋御众之形"的能力。完全背离了"以心行气，以气运身"，"行气如九曲珠，无微不到，运劲如百炼钢，无坚不摧"的行拳准则，把太极拳当操练，当舞跳。

以上两者练的都不是完整的、真正意义的太极拳。太极拳练好了既可技击，又能健身，两者可有侧重，但决不可偏废。学练太极拳应该技击与健身并重，不同的人、人的不同习练阶段可把某一方面放在优先位置。

如果把太极拳当成操来做，当成舞来跳，仅仅是缺少了"武"的内涵，虽不能练出"武"的功夫，倒也能得到"操"和"舞"的乐趣，也能对健康起到好的作用。大众健身，乐在其中，目的单一，不求过多的道理和知识，只愿得到快快乐乐。这对起步较晚的年老体弱者，也不失为一种较好的方式。

把太极拳只当成"武"来练的人，不仅有悖于练太极拳的总体要求，贬低了太极拳的价值，不能从博大精深的太极拳中获取更多的知识和营养，也违背了太极先辈的遗训。太极鼻祖张三丰的《祖师遗论》中第一句话就说："盖欲天下英雄，延年益寿，非徒技艺之末也。"这就告诫后人，延年益寿是练太极拳人追求的目标，不要在"技击"这些小伎俩上白费功夫。王宗岳在他的《十三势行功歌》中也强调"详推用意终何在，延年益寿不老春"，也是把延年益寿作为练太极拳的第一要务。太极拳的创始人们尚且十分强调健身的重大意义，作为现代人，更没有理由把太极拳的技击功能提高到过分的地步。

太极拳是武术，"武"的功能必须保留，而且要发扬。太极拳不单单是武术，健身、增智、修为等新功能要开发，而且要下大气力研究、探讨，使其内容越来越广，作用越来越大。

太极大师冯志强是众所周知的武功高手，他曾打败日本浪人，为国人争光，也曾多次在武术大赛中夺魁，被武术界所称颂。但当他60岁之后，便把练太极的重点做了转移，把健身放到了练太极的优先位置，提出了让太极拳造福全社会、造福全世界。太极拳的技击功能是不能造福全社会、全世界的，只有健身才是全社会、全世界乃至全人类都需要的。他创立了"心意混元太极拳"，把健身放到了突出位置，获得了国内外广大武术爱好者和积极参与健身活动人的青睐。他是武术高人，也是把武功与健身结合的智者。因此，不仅得到了深功，同时也得到了高寿。有太极泰斗之称的吴图南，武功非凡，但从不与人争斗，健身是他练拳的最高宗旨，终获105岁高龄。古往今来，争强好斗、夺尊称霸的"武功高手"，英年早逝者不乏其人。

太极拳习练者摆正技击和健身的关系十分重要，它决定着习拳的练功效果，同时也决定着习拳者的发展前程。

二、明理与习练

太极拳需要用气力练，更需要下功夫悟。练是通过肢体动作去实践太

极拳每招每势的演练过程，是太极阴阳转换原理的实际操作和应用。悟是学习、研究、深刻体会和理解太极理论的过程，是对太极阴阳转换原理在思想上的升华与提高。练能够觉变化、通关窍、长功夫；悟可以知对错、晓根基、明道理。练需要悟到的理来指导、提高；悟到的理需要通过练来验证、发展。习练和明理是学习太极拳不可或缺的两项内容，是互相依赖、互相促进的。习练缺少了明理就要止步不前，甚至步入歧途；明理离开了习练便是空头理论，无用之谈。武场上常说的一句话"光练不说是腿把式，光说不练是嘴把式"，指的就是练拳和明理须兼备，二者缺一不可。

　　大多数人对练是深信不疑的，练武就得练，打拳就得打。他们把主要精力用到了武场上，这是无可非议的，但是他们忽略了学理、明理。太极拳是以道家阴阳理论为指导的拳，又集儒家、佛家、国学等多家思想、理论于一身，是知识面极广、极深的拳术运动。有十分浓厚的文化内涵，光靠练无法接受其全部内容，也不可能领会其深奥的内功底蕴。所以，一开始，人们就把明理作为学练太极拳的重要组成部分来要求、来强调。张三丰曾说："传我太极拳法，即须先明太极妙道。若不明此，非我徒也。"他强调的是不明理就学不了太极拳。自古圣贤多明理，"未有神仙不读书"，著名道人吕洞宾的这句话告诉我们，神仙尚且读书明理，何况我等凡夫俗子。他们这些高人是极重视读书明理的。武式太极拳创始人武禹襄学练太极拳是从先明理开始的，他是太极拳有史以来先明理后学练拳的第一人。在他学习太极拳之前，从其兄那里得到了一本《拳论》，便开始悉心研究。他是秀才出身，悟性很好，从《拳论》中悟出了很多道理。后来他从师于陈清萍，之后又与杨露禅互教拳技，在理论和实践的结合上开创了太极拳的一代新风。武式太极拳的出现，使太极拳有了新的发展和提高。同时，他的《十三势用功心解》《打手论》等著作，都为太极拳的发展从理论上做出了突出的贡献。

古往今来，无论是王宗岳、杨澄甫，还是闫志高、冯志强，他们都是集太极武功和太极理论于一身的人，都是文才武略兼备的人。

明理是下功夫练拳的一部分内容，对它所用的气力和时间不应比练拳少，而且随着练拳年限的增长、太极功力的提高，在这方面下的功夫应越多。

明理的方式很多，有听师父传授，有同别人交流，有读书，有从媒体中获取。渠道多了，内容广了，往往容易出现理念不一致的地方，有时同一个问题也会出现截然不同的说法。这并非此对彼错，而是从不同角度去看，对同一个问题得出的不同结论。因此，明理需要有鉴别，一般来说，适用于自己的，对自己来说就是对的，不适用的或者暂时不适用的，就得暂且放下，切不可不加选择地全部照搬照用。

三、广学与深研

学习武术和学习其他知识一样，要学不厌多。凡武林高手大多"十八般兵器样样皆通"。学练太极拳也必须集各家之所长，知识面要广，掌握的拳术内容要多，这是无可非议的，是应该的，但是，广的前提是深、是精。没有精和深为基础，会得再多、知道得再广也是没有用的。

在太极拳习练者的队伍中，依然还存在一些误解，认为会的拳术套路越多就越有功夫，掌握的器械越全就越有本事。常常看到一些学拳的人，刚刚学完了二十四式简化太极拳，又开始学四十二式，紧接着八十一式、一百零八式，以及太极剑、太极刀、太极扇，一个接着一个地学，不到

一年半载，太极拳各家拳式无一不"通"，刀枪剑戟无所不"晓"了。什么都学会了，可算得上一名"武术家"了，结果是成了样样通、样样松的"拳痞"，别说技击动手，就是对健身也益处不大。

　　为什么会出现这种状况？其一，一些人没把学太极拳作为健身的手段，而是为了表演、教人。会得多，表演才能内容丰富，教人才有资本。其二，对太极拳内涵了解不深，认为会得多、知道得全就是好。其三，老师怕教的套路少了，徒弟另投他门。一路刚刚教会走架，紧接着又教新的套路。这种学拳和授拳的方式，其危害是不言而喻的。它使习练者只掌握了太极拳一些表层的东西，对深层次的功夫没有得到触及，更谈不上走近太极内核了。它耽误了学拳者的很多时间，使学者在背套路、论式子上枉费了功夫，把习练者带上了误解太极拳的不正确道路。

　　太极拳内容极其丰富，变化尤为繁杂，采取只求广的习练方式是永远学不完的，也不能真正学到实质性的东西。真正把拳理学明白了，

图10　倒撵猴　转换自如

对太极拳有了实质性的认识，就会觉得太极拳是那么"简单"。太极名家杨禹廷曾指出，太极拳就两势：阴动和阳动，掌握了这两势就掌握了太极拳。孙式太极拳创始人孙禄堂说："太极拳是开合拳，就是一开一合。"就这么简单，无须多求。可如此简单的太极拳，当代吴式太极拳名家祝大彤一个起势就练了9年。太极拳这种既复杂又简单的属性是由其太极原理决定的。一幅简单的太极图，却有无穷奥妙的玄机，其变化是难以被人掌握的。那些什么套路都学，什么招势都练的人，看似很全面，但实际是把太极拳简单化了。而如祝大彤这种练拳者，才是把太极拳练得既单一又全面，既简单又深奥，才是真正掌握了太极拳的实质，走近了其内核。

第三节　练拳四要素

无论是太极高手，还是初学者，都会有四大要素贯穿于练拳的始终。这四大要素是：练拳的动机、练拳的态度、练拳的状态、练拳的感觉。这四种要素支配着练拳者的身心，左右着练拳的效果，不管意识到还是没意识到，也不管是能动地掌握、运用，还是被动地掌握、运用，它都在起作用。

练拳的动机。欲望产生动机，动机产生行动，这是行为科学的一条规律。练拳也是一样，不仅学习太极拳有总的目的，每次练习也是受动机支配的。比如早上公园里诸多太极拳习练者，他们总的目标是为了健身，为了交流经验，提高技击水平。可具体到每个人或某一次习练，情况就不一样了。有的是为了多学几个套路，有的是为了纠正自己的姿势，有的是为了练得熟一点、好看点，以便参加比赛和表演，还有的是怕忘了套路

而反复练习，也有的是凑帮充数。不同的动机会产生不同效果，因此不管什么时候，也不管什么场合，有好的动机是至关重要的。练太极拳是为了健康，为了愉悦身心，为了获得精神享受，除此之外，任何其他企图都无法进入太极境界，更不能获得内功的提高和心性的升华。练拳要有好的动机，这是习拳者时时都须注意的第一要务。

练拳的态度。太极拳是一种运动，更是一种态度，它是积极向上的，是奋发有为的，是乐观处世的。这种态度来源于心里，流露于表情，表现在行拳的过程中。有了这种态度，拳才能练得饱满、舒适、流畅。有了这种态度，练拳才有激情，才能激活全身各个器官，才能整合全身每个部位，才能外示从容、内气腾跃。反之，拳便练得没有气势，没有情味，既不能修身，更不能养性。这种态度来源于对太极拳拳理、拳法的掌握和理解，来源于平日处事的修为，来源于文化修养的积淀。要把这种态度保持于每次练拳的始终，拳才能练出味道来。

练拳的状态。练拳状态对于拳的收获是至关重要的，不管什么情况下，练拳都要在松、静状态下进行。松是基础，是别于其他拳的突出特点，是练好太极拳的先决条件，没有松就不是太极拳。松不是故意做出来的，故意做本身就不是松。因为松的关键是心松，也就是精神松，只有思想放松了，内里和形体才能放松，把内外的紧张点去掉，自然就松了。静是前提。太极拳离开了静，其他要领都不能发挥效能。练太极拳如果不能在静的状态下进行，那就是白练，不仅不能收到效果，甚至会出现偏差。静是很难做到的，有好多太极拳习练者，几年、十几年，甚至几十年追求，都未实现理想的目标。但只要明白求静的道理，树立求静的理念，努力在求静道路上拼搏，"静"就会慢慢走近拳中。有了松、静的状态，拳就练得潇洒自如，就能使自己逐步走近太极内核。

练拳的感觉。太极拳是由肢体运动，经过意气运动，逐步向感知运动迈进的运动形式。感觉是形体、内气等运动在人思想中的反映，同时感觉又反作用于形体、内气，对其起支配作用。拳练到一定程度，知觉完全控制了习练者，习练者的各种动作完全由知觉来支配，这时便进入了感知运动阶段。拳论中所说的"用意不用力"，是对习练者初始阶段的要求，经过较长时间的习练，便走向了"用意、练意、随意、如意"这种完全向意求拳的深层阶段。太极拳在很早以前被人称作意拳，就是由此而来的。意就是感觉，用意了就感觉了，感觉了就有意了。所以，在练拳的过程中要细心感觉，感觉放松带来的舒适，感觉宁静带来的愉悦，这样练拳才能收获大、提高快、享受多。

　　四种要素是客观存在的，只要练拳，它就集于己身，不管是否意识到，它都在起作用。因此，要想把拳练好，使功夫真正上身，对这四要素就应能动地认识它、把握它、运用它。做到动机要正确，态度要积极，状态要良好，感觉要细微。要做到"三计三不计"，即计"身正、气顺、心静"；不计"高矮、快慢、姿势好看赖看"。不管什么时候、什么场合，只要练拳，就要高高兴兴地练，顺顺当当地练，轻轻松松地练，舒舒服服地练，这样才能真正成为一个主动的、积极的、乐观的、自如的太极拳习练者。

第四节　太极三乘

　　练拳的人总愿把功夫分为三层，王宗岳把它具体化为：招熟、懂劲、神明，这是太极拳的三乘功夫。就此列下表进行研究、分析：

分类 \ 层次	第一阶段	第二阶段	第三阶段
品位	俗品	佳品	妙品
阶段	初级	中级	高级
层次	招熟	懂劲	神明
运动形式	机械运动	意气运动	知觉运动
练功阶次	练形生精（精）	练精化气（气）	练气还神（神）
阴阳处理	松、紧	虚、实	动、静
要领	外八要	中八要	内八要
要素分阶	拳法	功法	心法
定位	体育（武术）	艺术	文化

太极拳的"三乘"功夫，从品位上分第一层是俗品，是练拳过程的初级阶段，如同上小学，步入了太极拳习练的行列。这个阶段主要是练套路，练基本功。它的动作还是机械运动，目标是实现招熟。这个习练阶段的要求是"规矩"最重要，严格按"外八要"行拳走架，练习身法，做到内外相合，完整一气，周身一家。这个阶段属于练"拳法"阶段，在腿脚上下功夫阶段。这个阶段重点是处理好"松""紧"这对阴阳关系，是练形生精。

第二层是佳品，如同进入了初中，属于太极拳的中级阶段。这时习练者已基本做到了招熟，开始向懂劲的目标努力。这个阶段运动形式发生了变化，能够"以心行气、以气运身"，已不再是单一的机械运动，开始了意气运动。要用"中八要"严格控制气的运行。这个阶段"气度"最重要。要从容、镇静，把握住"虚""实"变化的规律，"练精化气"。这个阶段练的是"功法"。

第三个层次是妙品。进入这个层次如同上大学，进入了太极拳的高级阶段。这时习练者已完全做到了"招熟"，初步掌握了"懂劲"，开始向"神明"阶段迈进。这个阶段主要是运用"内八要"练气还神。重点处理好动静关系。"心法"是修炼的重点，"意境"最重要。此时太极功夫已上身。

以上三阶段，第一阶段是体育，第二阶段是艺术，第三阶段是文化。这三个阶段是习拳者的三个台阶，这只是大致划分，并无明显界限。三阶段不可完全分开，所以这样分，是为了让习练者知道自己练拳达到什么程度，还应在哪方面多下功夫。其实，这种分法并不十分准确，也不必对号入座。太极功夫是个渐进过程，并不像表中所表示的那样，今天在小学，明天就上了中学，再后来就上大学了。只要下功夫练，就会在不知不觉中提高，不用去分就可登阶进级。

这种分段方法只是从形式上分，是一种静态的表述方式，进入"心法"后是无法用段来区分功夫高低的。俗品不俗，却有另一番境界，初级

图11　手挥琵琶　飘飘欲仙

不初，道是别有一定高度。这也是太极拳阴中有阳、阳中有阴的属性。

太极、太极，名为太极，不能"太急"。要稳住心、沉住气、静下神，管它什么层次，管它什么阶段，他分他的，我练我的。把自己的优势发挥出来，把自己的特长练出来，顺其自然，那么，"招熟、懂劲、神明"就会自然找上门来，习练者就会在神不知鬼不觉中越来越接近太极内核。

第五节　想、看、听习练法

人们普遍认为，学拳只有练，把练拳也就是实际操作当成了学拳的唯一方式。其实，学习太极拳光靠闷头练是不行的。太极拳的独特属性告诉我们，它不单是形的操作，还有气的变化、神的领引。因此，学练太极拳除了练之外，想拳、看拳、听拳这三种方式也是缺一不可的。

一、想拳

也叫默拳。下棋的人都知道，有一种下棋方法叫下默棋，也称下盲棋。就是自己不看棋盘与人对弈，从第一步开始直到最后，靠记忆来完成全过程。常人对此不可思议，其实对于弈棋高手来说，这是必须掌握的基本功。因为，对于下棋者，棋盘只是个记录，每走一步都是靠想出来，走完一步后用棋盘记录下来，再琢磨下一步。如果不用棋盘，那就必须有超常的记忆、精细的构思、对全局的掌控。所以下默棋对于专业棋手是非练不可的。学太极拳是要用心的，想拳是不可缺的重要环节。想拳就是想练拳时的每一招每一势是否正确，是否严格按拳理拳规行拳走架，练拳过程中还有什么毛病。通过想，弄明白哪些是对的，哪些是错的，以便克服毛病，把拳练得更好。一招一势地想，有针对性地想，叫作间想。还有一种想拳方式，就是静下心来把一套拳从起势开始，到收势为止，从头到尾，一势不落地想一遍，这叫全想。全想，一是不能分心，不能走神，自始至终不能有杂念，更不能中间出现想其他事的现象。二是想的速度要和平时练拳一样，不能像闪电似的一闪而过。不能忽快忽慢，要形如流水、想似浮云、飘飘洒洒，既像回忆，又像憧憬，心绪是平静的，也是快乐的。三是架势要正确，动作要到位，不偏不倚，恭恭正正，一丝不苟，想得投入，想得认真。四是要自然随意，不过分苛求，不急不躁，坦坦荡荡，舒舒服服，使自己沉浸在享受愉悦的状态中。

想拳是练意的过程，它和站桩、走太极步一样，是一种专门的训练，这种训练看似简单，要做好了的确不容易。初练时会出现一些差错：有的想着想着就想到别处去了；有的只用几分钟就把需二三十分钟才能练完的拳想完了；还有的忽快忽慢、跳跃式思考、心里不平静等。开始出现这些现象是难免的，要切记，在想的过程中，只要出现上述任何一种情况，都要停下来，从头再想，不要回过神来接着想。开始可能只能想几个势子或十几个势子，只要沉下心来慢慢练，想的势子就会越来越多。到了一气呵成把整个一套拳全部想完的地步时，拳的功夫将会得到飞跃发展。

想拳的好处很多，它能使习练者心更静、意更专；它能克服行拳走架中出现的形在神离的弊端；它能把习练者融入一个新的更高的行拳境界；它还能把练拳与日常生活融合，养成运用太极思维的习惯。这种方法不是笔者的奇想，《拳论》中早有论述："默识揣摩，渐至从心所欲。""默"什么，就是默拳，只是王宗岳没有明确指出要默拳套路的全过程。"揣摩"什么，就是琢磨拳的意境、练拳的感觉，也是在想。想是一种能

力，一种功夫。《易经》告诉我们，一切一切都是人想出来的。人类能够创造世界，就是因为人会想。太极、八卦是伏羲想出来的；仁、义、礼、智、信是孔子想出来的；"罢黜百家，独尊儒术"是董仲舒想出来的。当然他们的想不是空想，也不是不切实际的幻想，而是在实践基础上的思考。想拳就是这种思考，没有会套路的基础，没有行气运身的功夫，是无论如何也想不出来的。

想拳可以想自己练拳，也可以想别人练拳，但要想对的、正确的、练得好的。想不正确的练拳，很可能把人带入歧途。最好是开始想师父的，到了能识别优劣时，可以想名家的，自己的拳练得较好时，便可以想自己的了。不管想谁的，都要往宽里想，往顺里想，往正确的方面想，有了好的动机和积极向上的态度，拳就能想好、练好。想拳是一种奇特的练拳方法，大多数太极拳习练者没有用过，不妨尝试一下，定能获得意想不到的效果。

二、看拳

也叫读拳。看是人们认识事物、理解事物、掌握事物的重要手段。接触事物都是从看开始的。会看，对事物认识得才全面，理解得才深刻，掌握得才彻底。看拳就是看别人演示，看师父做示范动作，看同行之间的交流习练，有时候也看名人的录像，看专家的示范，看高手的表演。要多看，不错过一切机会去看。看是练的前提，看明白了，自己才能练得正确；看懂了，自己才能理解得深刻。初学阶段要认认真真地看，师父的一招一势，都要认真记下来，原原本本地演示下来。看拳要规规矩矩，一丝不苟。中级阶段，要仔仔细细地看。仔细观察演练者的细微动作，尤其要观察其神态，琢磨其中的奥妙，看到深层次的东西。高级阶段，要完完整整地看。看演示者身体的整体性、套路的完整性，看周身一家、一气呵成的效果。"外行看热闹，内行看门道"，要会看，就是不仅要看形、看态、看变化趋势，还要看内、看神、看内气运行、看意念变化。看拳就和看戏一样，要学会品，品行拳者的意境和气度，品行拳者的修为和玄机。拳如其人，人的内心世界很多都在拳中表现出来。只要会看，认真看、细细品，就能既学到拳架，又能学到拳理，从别人的演示中领略到许多内在的深层次功夫。

　　光看还不够，看完之后要立即自己练，把看到的、品到的东西用自己的行拳方式复练下来，使其成为自己的。这种复练不是照猫画虎，不是照葫芦画瓢，而是把别人内里的东西，别人的精、气、神感应到自己身上，成为自己的真功。

　　除了看别人演练，也要通过录像看自己演练。看别人要重点看人家的长处，看人家优点，看自己要多看自己的缺点和不足，通过对比找到差距。有的人不愿别人说自己练得不好，总愿让人家夸，却看不到自己的不足，这种态度是学拳的大敌，不利于自己功夫的提高。学练太极拳的过程，就是不断克服自身缺点毛病的过程，缺点毛病克服改正得越多，就进步得越快。太极拳"内求本具"，就是让人眼睛向内，多从内里找原因，多挖掘自身潜力，发挥潜能。看拳和读书一样，只有反复看、用心看、对比着看，才能看出门道，才能悟出道理。一遍不行两遍，两遍不行三遍，三遍不行四遍、五遍，总是能有所收获、得到成功的。

　　学会看拳是练拳的先决条件。对人对己都要内外全看，重点是看内。只有看内，才看到本质，无论是学人"长"，还是克己"短"，都能抓住要害，抓住实质性的东西。

图12 海底针 乐在其中

三、听拳

也叫觉拳。不光是耳听，也是身察，这是学练太极拳必不可少的一个过程，好多拳理、要领、练拳的基本知识都是通过听得来的。听别人讲拳，听师兄弟谈体会，听拳友们讨论问题，"风声、雨声、读书声，声声入耳"，听多了才会知道得多，才能掌握得多，才能转化为自己的体会，成为自己的修为。不听就堵塞了获取知识的重要渠道。听要虚心，有了虚心的态度才能听得进去。自以为高明、比别人什么都强的人，是听不进别人言语的，他们错过了极好的学习机会。只有虚心，别人的东西才能吸收、采纳，才能为己所用。听要耐心，要不厌其烦地把人家讲的听完，不可一知半解就中途而废。只有耐心了，才能听到全过程，才能理出头绪，才能把别人讲的东西消化吸收。听还要细心，要学会听大道理，听真东西，听对自己有用的实货。

会听先要会问。向人请教，对自己不知道、不明白、不理解的东西要随时问，这样，听才能更有针对性，才更容易收到立竿见影的效果。

会听还要会提炼，从别人讲的东西里提取精华，成为自己的知识，把别人好的经验、感悟，吸收成为自己的技能。

会听更要会感悟。要把听到的东西，通过自己的实练去体察，去鉴别，哪些适合自己，哪些不适合自己，通过具体分析有选择地吸纳。

会听尤其要有闻过则喜的精神。听到别人指出自己的缺点，听到别人议论自己的过错，是难得纠偏的好机会，千万不能错过。要虚心向人家讨教，让人把话说完，这样就更能找到自己的不足所在，更有利于克服毛病，提高自己。听到别人说自己练拳的毛病就红脸、就生气、就发火的人，是很难获得真功夫的。

想拳、看拳、听拳是学练太极拳不可缺少的三个环节，三者结合才是全方位学习太极拳的好方式。

第五章
太极风范

第一节 评价太极拳习练的标准

太极拳怎样练为对，练到什么样为好，这是一个比较复杂的问题，历来众说纷纭，争论不休。其原因是，这个问题没有准确答案，也不可能有应对所有习练者的统一标准。可以这样说，不同时期有不同时期的标准，

图13 闪通背 上下相随

不同人有不同人的标准，人习练的不同阶段有不同阶段的标准。

在冷兵器时期，刀枪剑戟是战争的主要武器，人们练拳是想成为一个武艺高强的人，可以为国效力，为民除害，惩恶扬善，劫富济贫。这个时期的练拳人，大多把提高技击水平、能够打败对手作为衡量拳练的优劣、功夫高低的标准。也有如张三丰等在山野隐居的高人，以修身养性为目的，把益寿延年作为功夫高低的标准，把技击称之为"技艺之末"的习练者。但这仅仅是少数人的"偏见"，能把人打倒才是武功高手已成为人们的共识。不仅练拳人这样看，即使是不练拳的人也这么认为。

随着社会的进步、历史的发展，人类已进入了高科技时代，过去的战争防御工事已成了名胜古迹，过去的战争工具已成了健身器材，再把技击作为练拳好坏的唯一标准就显得太古老、太陈旧、太单一了。

那么，现在衡量太极拳习练的好与差、功夫高低的标准是什么？要回答这个问题须从两个方面去探索：一是对太极拳的认识，二是练拳的目的。

第一方面：

太极拳是中国武术的一种流派，技击是武术的基本特征。只有技击水平高的人，才能算武功好。从这方面看，技击是衡量太极拳功夫高低的标准。

太极拳是一种健身方法，许多人习练太极拳主要是为了锻练身体。太极拳的健身作用极为独特，是其他任何体育运动不能替代的，它适用于各类人群，它的健身功能已被越来越多的人所接受。从这个意义上评价，身体素质提高是衡量太极拳习练好与差的标准。

太极拳是一种性格修养。太极拳的"性命双修"突出强调了对人精神、思想、性格的修炼。长期练太极拳的人，应该是品德高尚、性情沉

稳、处事平和、待人友善的。从这个角度看，自身修养能否提高是衡量太极拳功夫优劣的标准。

太极拳是较高层次的文化艺术。内行人把太极拳称作"文化拳"，外国人把太极拳称作"东方芭蕾"，这都说明太极拳有极强的文化艺术内涵。练太极拳可以得到文化熏陶和艺术感染，可以增强艺术素质和文化修为。从这个层面讲，文化艺术品位的高低，是衡量太极拳习练功夫优劣的标准。

第二方面：

每个人有每个人的练拳目的。有的是为了技击，有的是为了健康，有的是为了表演提高知名度，有的是为了授徒，有的是为了交友，也有的是为了营利等。有人目的单一，有人目的多样。不管抱什么目的练拳的，他们认为目的达到了，拳就练好了、练对了，否则便是徒劳，白下功夫。

那么，太极拳练得好与差、功夫高低就没有统一的标准了吗？不是的，它有标准，而且有明确的标准，只是这个标准是综合的、全方位的。练太极拳的人既不应成为只知大打出手的一介武夫，也不能成为就会高谈阔论的一介书生，应该成为文武兼备的太极大家。这种太极大家应具备如下能力和品格：拳械样样精通，拳法精湛，内功精深，已是太极拳的行家里手；性情温和，松散安详，不偏不倚，不急不躁，五性圆满，成为修行为道的智者；品德端正，与人为善，谦虚和蔼，行为正直，成为一个道德高尚的贤人。

太极拳是自己练的，是为自己的，不是为了给别人看。因此，自己练得如何应由自己来评价。根据自己的练拳目的和对太极拳的认识、理解，练得舒适了、愉悦了、健康了就是练对了、练好了。这种感觉越来越明显，自己的功夫就越高。练拳得不到健康、得不到快乐，没有从太极拳中获得享受的人，无论从哪个角度看，都不能认为是武功高深，更不能成为太极大家。至于别人如何评价自己，那是别人的事，是别人的练拳目的以及对太极拳理解程度在其身上的反映，只能对他本人有影响，对你不能起任何作用。

第二节　太极人应具备的风格和品德

军人有军人的风格和品德，文化人有文化人的风格和品德，读书人有读书人的风格和品德，习练太极拳的人也应有太极人独特的风格和品德。这种风格与品德应该是：体态从容、性情温和、待人诚信、和谐处事。

体态从容应表现为：稳重、沉着，神采奕奕容貌自然，言行举止落落大方，没有丝毫的飘浮，不带任何的做作。那些生性暴烈、举动狂妄、坐立无象、尖嘴猴腮、身无正形的人，是练不好太极拳的。

性情温和是指：脾气要不急不躁，遇事要不慌不忙。一点火就着，遇不顺心的事就火冒三丈，动辄暴跳如雷，时常大喊大叫，不是太极人应有的性格，这种性情与太极拳没有缘分。持这种性格的人是无法行拳走架的，更谈不上练功修法。

待人诚信是要求练太极拳的人要有一个好的品德。要克服私心，与人为善，心胸要宽广，气量要大度，不能事事都想占便宜，处处都愿出风头。那种鼠目寸光、小肚鸡肠、遇事总想为己的人，是不可能把太极拳练好的。

和谐处事的标准是：遇事冷静、多谋善断、处事公道。要常怀一颗公心，一颗舍己为人的心，乐于帮助别人，把为别人、为社会做有益的

事视为一种乐趣，成为一个周围人都愿接近、爱戴的人。自私自利、损人利己、无有一点公心的人，丝毫没有奉献精神，在公事、难事面前畏首不前、千方百计回避的人，是无法把太极拳练好的。

太极拳不是"道德经"，不是教人如何行善积德的，但练太极拳的人必须有道德，必须是行为规范符合社会公德、举止言行有益于人民的人。

这种品德和风格是由太极拳的属性决定的。

太极拳十分强调"立身中正"。这个中正不单单要求的是身形，更主要的是心，心不正则形自偏，心不正则为不轨。做任何事情，要想做好，心正是先决条件。太极拳练得好的人，心总是正的，这种正不仅表现在练拳的时候，也表现在他的日常生活中，表现在他的为人处世里。

太极拳把练气作为第一要务，通过各种方式纳气、运气、养气。太极拳练阳刚之气，练混一气，更练浩然正气。练太极拳的人功夫高低不是看他的气力多大，而要看他是否有气量、有气度，尤其看他是不是一个具有"浩然正气"的人。具有"浩然正气"的人，一定是品德高尚的人，一定是胸怀宽广的人，一定是气度非凡的人。经过正确引导，长期修炼，这种气便可油然而生、逐渐升腾。

太极拳把"性命双修"作为练拳必备的两个环节。修命是练形、练体，修性则是练神、练思想。练神、练思想的重要内容是"悟空"，也就是跳出"三戒"，淡化名利。"得何足喜，失何足忧"应是太极拳习练者心境的常态。这样才能长久保持具备一颗平和的心、向上的心、有"为"的心。那种为一己之利挖空心思的人，那种怕失利而提心吊胆的人，他们的心永远静不下来，是无法把太极拳练好的。

另外，太极拳是一种武术门派，武术是讲"武德"的。杨澄甫收徒有八不收，其中第一条就是不讲"武德"的人不收。古往今来，凡武林高人，都把"武德"放在首位，无德的人武功越高越无益于社会。古人云："师者，传道授业解惑也。"古人育人把传道也就是道德教育放在第一位，这些都表明"德"在武术中的重要性。

太极拳是一种修养，是"儒、道、释"三教共修的禅，是国学文化和传统艺术的精品，这些也都决定了太极拳必须修身、养性。修身主要是克服自己的缺点毛病，做一个完全的人，一个品德端正的人。养性的主要内容是培养自己和善的心性、温柔的习性、宽容的胸怀，做一个高尚的人，一个有益于国家和百姓的人。

图14 退步搬拦捶 退之者愈促

这些品行是对太极拳人的要求，它是习练者在长时间的学练过程中逐步培养和修炼出来的。并不是说必须具备了这些条件才能学练太极拳，这种品德和风格是练拳培养的，同时有了这种品格又有助于拳理的明晓、拳功的提高。两者是相辅相承的，但也决不是拳练好了这种品德就自然具备了。太极拳习练者要明白这些道理，学拳伊始就要自觉地、能动地、有意

识地在修炼习性上下功夫，这样才能走上正道，才能培养、修炼出有用的本领。

第三节　日常生活与太极拳

所有太极拳习练者，每天都抽出几个小时甚至更长时间行功、走架，太极拳已成为他们日常生活中的一部分。但就大多数人而言，还仅仅是把太极拳当拳练，认为只要舍得花时间，功夫就一定能够提高。持这种态度练太极拳虽没有错，但却把太极拳游离于日常生活之外，太极拳成了他们日常生活中一部分孤立的运动行为。这种做法可能使自己成为武功高手，却不能真正走近太极内核，成为武术大家。学练太极拳，不仅要把它当拳练，更要把它当成文化来学、当国学来悟、当艺术来品、当三教（儒、道、释）来修。不仅要把它作为生活中的一部分，而且要把它融入日常生活，与日常生活紧密结合，在日常生活中发挥作用。

生活是太极拳的源泉和基础。其实，太极拳并不神秘，它就是一种生活，是生活中有意识、能动地去感悟自身固有的太极属性的运动行为。

人是太极之身，人的一切活动无不带有太极之根。太极拳就是把人的太极之身用拳的形式予以显现，这种显现使人身固有的太极属性体现得更有条理、更突出、更有规律、更能动化。学会了太极拳，并坚持天天练，便有了这种显现的渠道和方式。如能认清生活与太极拳的关系，理智地、科学地予以把握和处理，那么太极拳便会逐渐和生活融为一体，不单练拳的水平会不断提高，人的生活质量也会日益升阶。

我们学习、体悟、运用太极拳，不应只局限于在行功走架时、只局限于太极理论学习和交流时，更不能只在与人交手时，而是在日常生活中的一切举止行为，处处都要体现出太极人的风范和气度。

　　太极拳与人的日常生活有内在的、必然的联系。太极拳是阴阳转换运动，日常生活的各种活动也是阴阳转换运动。呼吸是吐纳转换，白天工作与夜间睡觉是动静转换；劳动和休息是松紧转换，就连走路也是一种虚实转换。生活中的各种现象比比皆是，只要留心就能见到、体悟到。太极拳好多练功方法，好多拳架、拳势都来源于生活，如懒扎衣、手挥琵琶、玉女穿梭、弯弓射虎等，都是太极拳先贤们把生活中的感悟加以提炼升华、创造出来的。太极拳是如此，其他拳术及健身运动也是这样，没有现实生活就没有太极拳。不仅太极拳源于生活，太极学说也源于生活。只要追溯太极学说的来源，就会发现它开端于原始的太极观念，而原始的太极观念，是先民们经过长期观察生产、生活中的自然现象而形成的。没有"仰则观象于天，俯则观法于地"的体悟，就不会有太极图的出现，也不会有《周易》的产生。把太极拳融入我们的日常生活，是太极拳的一种回归，回归太极拳的本源，回归太极拳的自然属性，回归太极拳的载体所在。有

图15　云手　行云流水

第五章　太极风范

好多太极名家和高人，他们学拳、练拳和教拳，都与日常劳动、工作、生活相结合，创造了很多行之有效的习拳规则和方法。八卦掌名家董海川的徒弟眼镜程和磨官李就是两位这样的高人。眼镜程修眼镜不坐凳子，而是用站桩的姿势给人修眼镜；磨官李则是用走八卦步的方式推磨，两人把练拳和工作相结合，从而练就了他们的高超技能，成了武林的杰出高手。太极泰斗吴图南集太极与生活于一体，用太极的养生方法过生活。他把人体的耗和养视为太极的阴和阳，力争做到耗养平衡，注重补后天之耗，从而益寿延年，成为迄今武林长寿第一人。

做到了太极拳习练日常化，太极拳就不再单单是我们每天抽出几小时习练的运动项目，而是成了我们生活的习惯、行动的规范、人体运行的动力、存在于自身的潜在正能量。

真正理解了太极拳，就会深刻认识到：习练太极拳不是为了打败别人，而是为了战胜自己。战胜自己就是运用太极拳的各种原理及自身的功力和感悟改造自己的日常生活，把太极拳的思维方式运用到日常生活之中；把练功的成果转化成日常生活的修为；把太极拳的诸多规则、方法演化成日常生活的习惯。

在日常生活中，由于工作劳累、生活紧张，人的身体受到伤害，出现了许多不适，有的甚至产生疾病。坚持每天抽出一定时间练太极拳，对于缓解疲劳和不适，对于治病健身是极为有益的。但是，仅仅这样还不够，如果我们能够把练拳融入生活，在生活中处处不忘用太极拳诸多规则付诸于工作、学习及各项事务，那么我们就如同釜底抽薪，从根上消除了各种致病的因素，步入了"身健事成"的良性循环轨道。"松""静"是太极拳的基本功，在日常生活中，如果把这两个字运用好了，付诸于实际，我们获得的就不仅是健康，必将同时获得事业的成功。"松"就是要放松，任何时候不要紧张，更不能有急躁情绪，始终保持一种平和的状态。遇事沉稳、不慌乱，把练拳时的松弛状态保持于平时处事中，这样长期坚持下去，我们的气血就会顺畅，事业就会顺利。"静"是指心要平静、头脑冷静。心静了，身体才能得到充分休息，工作的疲劳才能消除；头脑冷静了，处理问题才能掌握分寸，才不会出现粗鲁和暴躁，从而也就不会因把事情办糟而烦恼。

练太极拳速度要慢，有些传统太极拳要求练得越慢越好。有人把办事效率低比作打太极，这是对太极拳的一种误解。太极拳的慢是符合人身生理变化运行规律的。人的气血运行、人的心率乃至人的呼吸速度是有节奏、有规律的，太极拳要求慢就是为着与其合拍，不能违反生理器官的运行规律。一趟拳练完，心跳、呼吸依然如故，这是一种养，是养气、养神的有效做法。平时办事也不能"急三火四"，也要有一种"慢性子"的修为，"慢"而不能误事。"动急则急应，动缓则缓随"，《拳论》中的这句话是讲拳的，日常办事又何尝不是如此。"慢"，是指速度，不是指效率。慢是相对的、有条件的、有意识的、能动的、可控的。正因为有了"慢"，才有了"虚领顶劲、气沉丹田"的功法，才有了健身益寿的养生效果。在日常生活中，如能把太极拳的这种"慢"予以灵活运用，它给我们带来的好处是不言而喻的。

有的太极拳习练者经过长年的习练，性格有了变化：遇事不急了，与人友善了，不爱生气了，出现问题能妥善处理了。他们认为这是练拳带来的成果。其实，他们还没意识到，太极拳已走进了他们的日常生活。

有人在武术比赛中得了第一，似乎认为就是武功高强了。其实，真正检验武功高低的不是在武术大会上，而是在日常生活中。

练拳讲武德，遇事私字当先；

练拳讲修养，遇事火冒三丈；

练拳讲气度，遇事斤斤计较；

练拳讲和谐，遇事与人争斗；

练拳讲"中正"，遇事偏心、违心。

平时的这些毛病，都是拳没有练好的体现。如果把练拳作为学，那么平时的言行就是用，学以致用。用是检验学的唯一标准。武功高手，高就高在能把自己的功夫转化成修为；把太极拳的各种练法用于日常生活的实践中。

太极拳的很多拳理拳法，是对练拳的规范和要求，如果我们的言行也能按着做，那也是大有好处的。"不偏不倚"要求练拳要立身中正，不能前俯后仰。做人也要正派，行为端正，不走邪路；"无过不及"要求练拳要到位、要适度，既不能"过"，也不能达不到标准。我们平时办事也要掌握好分寸，不能做过头的事；"舍己从人"是要不盲动、不乱动，不主动出击。在日常生活中要有这种"舍己从人"的精神，也就是毫不利己、专门利人的精神。有了这种精神，武功就高超，做人就高尚；"内求本具"是指练拳人要眼睛向内，挖掘自身存在的内在潜力。这是一种能力，把这种能力用于日常，我们就能发挥主观能动性，遇事从自身找"内因"，不强调客观，不怨天尤人，积极努力做好每一件事。还有许多，只要我们把练太极拳与日常生活很好结合，就不难发现：太极拳是用拳的方式践行太极之理，日常生活是太极之理在我们各项活动中的显现。日常活动和太极拳是一致的、相通的，连接它们的纽带就是太极之理。

要实现日常生活太极化，首先要树立"大太极观"。跳出拳的圈子看太极，把太极拳看成是文化、是艺术、是医道、是人生健康的说明书、是事业成功的必修课。这样，我们的各项工作和所有活动，就充实了太极拳的内涵，太极之理就成了我们规范行为的思想理念，我们的一举一动便无不带有太极的潜在因素了。其次，要把太极拳的感悟上升成自觉。如条件反射一样，一触即知、一触即动。太极拳已不再是拳，而是我们身上的、心中的须臾不能离开的正能量,是我们不能割舍的朋友和伙伴。最后,"天地是大太极,人身是小太极"。大太极就是自然,小太极要趋近自然,就是"天人合一"。只要我们的日常生活顺其自然、合于自然,按自然规律行事,太极化就走进了我们的日常生活。

第五章 太极风范

第六章
太极拳的文化内涵

太极拳不是单纯的武术。它从演练到做功，从内修到外示，处处闪烁着艺术之光。它的理论基础、行拳要领无处不有文化的内涵。它以武的形式来展现中国传统文化之风采，通过身体演练来表达内在的文化之魂。

第一节 太极拳与国学

国学是中国传统文化的结晶。中国是个具有五千年文化历史的古国，文化与生产力共同推进社会的演变和发展。聪明的中国人，创造了丰富的物质财富，也创造了灿烂的中国文化。这种文化孕育了文明社会，也给了中国人以智慧。当代国学大师、太极名家蓝晟《国学与太极拳》一书论述得极为透彻，他指出：国学是大智慧、是大学问。从狭义的角度看，国学是经、史、子、集、传等学说，核心是儒学，特别是《论语》《孟子》等孔孟之道。广义的国学范畴，指的是中国传统的一切学问，诸子百家的各种思想、唐宋明清的诗词歌赋，乃至民间流传的口头文学、山歌小调等，这些都属国学的范畴。太极拳有体育、健身、技击之功效，有修身、养性、固本之技能，它的文化内涵决定了它就是国学的一部分。这些论述使我们明白了太极拳不只是拳术套路，太极拳理论、太极拳应用等都是太极拳的组成部分，学练太极拳就要学理论、练套路、重实用。实用不是让我们去做太极拳大师，更不是以此来获取名利，而是让我们从中获取知识，成就事业，得到快乐，从而成为一名有识的人、成功的人、幸福的人。太极拳习练者不以江湖习气去争高低，太极拳修的是大道，积的是大智慧，明的是深道理。这些就是国学的内容。

国学为太极拳提供基础。"易经"的阴阳理论造就了太极拳，没有"易经"不可能有太极拳。太极拳的习练原则是"易经"阴阳变换法则决定的；太极拳的行拳规律，是"易经"阴阳变化规律的体现；太极拳的修身要领，是"易经"阴阳互济理论的产物。孔孟之道发展了太极拳，中国几千年奉行的孔孟之道突出中庸思想，太极拳的不偏不倚、立身中正，尤其强调心正，恰恰是孔孟思想的体现，是这一思想在拳中的应用，同时它也是太极拳的核心内容。还有弘扬正气等都是太极拳功夫的内容，都为太极拳的发展提供了理论依据。古老的民俗文化成就了太极拳。迄今为止，太极拳已成为研究对象清晰、理论基础雄厚、功法齐全的武术、健身知识体系，这是因为它始终不断地吸收传统民俗文化来完善自己、提高自己的结果。

国学为太极拳注入生机。太极拳是鲜活的，是有生命的，其表现是：不死板教条，不单一僵化，不固步停滞，在灵动中求变，在寓静中求活，在继承中求发展。这些都是国学在太极拳中的应用和体现。《西游记》中的"悟空""八戒"告诉我们应做什么，不应做什么，乃是太极拳无为、无不为的思想渊源；《红楼梦》中"假做真来真亦假，真做假来假亦真"，恰是太极拳虚中有实、实中有虚、虚虚实实、互补互变的原版；《三国演义》中的"分久必合，合久必分"是太极拳开合互换的理论依

据；《水浒》中的"替天行道"是太极拳"天人合一"的先期写照。太极拳引进了国学中这些名著思想，为其注入生机，增加了活力。

国学为太极拳登阶入室开门铺路。太极拳能够成为国宝，能够登上大雅之堂，能够与中国三大"国粹"相媲美，正是因为有了国学的开门铺路，有了国学的基础内涵和文化艺术纯量，不然太极拳将不是现在意义上的太极拳，而可能是民间小技，也可能是下里巴人。国学思想的注入使太极拳跳出了"武"的小圈子，走上了文武兼备的艺术之路，使太极拳不仅是武术的一个门派，而且成为了文化艺术花园中一束光彩夺目的花朵。同时也使其成为了内外同练、性命双修、有极为显著健身效果的医疗体育。国学思想的注入，使太极拳的哲学观突出了，运用广泛了，医疗、科技、军事、文艺等各领域都成了太极拳的用武之地。

太极拳是国学的重要组成部分，为国学增添了新内容，拓宽了新领域，为国学的应用探索了新途径。

太极拳为国学拓宽了新领域。国学是文化，自从诞生了太极拳，便把它带入了武的领域。太极拳文武结合，用武的方式展现文的内涵。它其大无外，其小无内，几乎涵盖了国学的方方面面，国学在太极拳中体现得淋漓尽致。国学最早被定义为"一个国家固有的学术文化"，是文人创造、在文人中传播、属于学者研究的范畴，是用来治国、育人的。如"平心、修身、齐家、治国、安天下"，"名不正，则言不顺；言不顺，则事不成"，"君子怀德、小人怀土，君子怀刑，小人怀惠"，"仁、义、礼、智、信"等。几千年来，人们把它当成社会公德，当成做人的价值观和准则，历代统治者也用这些国学道理来约束百姓、治理国家。随着社会的进步、文化的发展、文武融合，国学开始论武了。王宗岳的《拳论》便是讲武的国学佳作。后来武禹襄、陈鑫、杨澄甫等人的太极专著都是讲太极拳的，但都同属于国学。太极拳及其理论著作的出现，丰富了国学的内容，扩宽了国学的领域。

太极拳为国学的普及开辟了新途径。国学是文人、学者的专利，在过去国人文化没能普及的时候，它只掌握在少数人手里，即便是全民文化水平得以提高的今天，也有许多人对国学依然很陌生。太极拳是一项全民的健身运动，它的普及率居各项体育运动之首，上至七八十岁的老人，下到十几岁的娃娃，男女老少，练太极拳的人越来越多。他们不光练拳路，也谈理论，交流体会，"用意不用力""四两拨千斤""阴阳相济、虚实分明"等太极拳必守的规则在脑中深深地扎了根。虽然他们不一定意识到这些都是国学，但确确实实他们在学国学、用国学了。据统计，目前世界上有两亿多人习练太极拳，这支庞大的队伍是太极拳的推广为普及国学结出的硕果。

太极拳为国学的应用找到了新的具体办法。国学是学问、是理论，它要应用，要付诸实践，需要一次飞跃，在这个飞跃中有成功的，也有失败的。太极拳是理论和实践的统一，是国学思想和武术运动的完美结合，它为国学的应用找到了新的具体方法，为国学在实践中发展探索了道路。学太极就是学国学，练太极就是用国学，深化太极就是发展国学。

太极拳与国学同根同源，习练太极拳、研修国学，都是在开启中华核心思维的大门。跨入了这个大门，我们便可以获知：国学和太极拳所蕴含的无极、太极、阴阳、八卦、生生不息等思想，都是先贤们给我们留下的最有中华精神的大智慧。学习这些智慧，人生境界就可得到升华，生命的价值即可得以体现。理解了太极拳，学懂了国学，就得到了传统文化的真谛，就懂得了道学、儒学、佛学、武学、中医学等的深刻内涵，就获得了关于心性修养的学问。实践太极拳，运用国学，我们就可修炼自己，完善自己，就可洞察一切，和合处世，就可树立正确的思维观。"世上本没有路，走的人多了，也便成了路"。太极拳之路是通

往健康之路，是通往幸福快乐之路。在这条路上走的人越来越多，它将更加得以宽阔，更加得以通畅。

图16　高探马　无过不及

第二节　太极拳与国粹

太极拳不是国粹，但它和"中医、国画、京剧"三大国粹一样，是中华传统文化的艺术瑰宝。它的价值、作用和国粹一样惠及国人，光照社会。

一、太极拳与中医

中医治病是以阴阳平衡为理论依据的。它的手段是通过药物直达病灶，祛火御寒，实现人体阴阳平衡。另一个手段是运用针灸，疏通经脉、舒筋活血、平燥去湿，达到人体阴阳平衡。这与太极拳"天地为一大太极，人体是一小太极""阴阳互济""阴阳转换""阴阳平衡"的健身原则完全是一致的。殊途同归，虽然采用的方法不同，但达到的目标是一致的。因此可以这样说，太极拳是体育化的中医，中医是药用式的太极拳，会中医就应晓太极，会太极更应明中医。学中医主要是给别人治病，大多也借助一些太极方法，提高治病效果。练太极拳是为自己健康，有时也采用一些中医技术，以增强健康水平。中医讲本末同治、五脏同源，不能脚痛医脚、头痛医头；太极拳讲内外一致、性命双修、周身一家。两者的整体观、大局观也是它们有同一理论基础决定的。中医认为气是一种特殊物质，通过气来观察人的身体状况，判断人体病的所在、病的程度及病的根源，用理气来治病祛病。太极拳以气来运作周身，用气来趋邪扶正，通过纳气、行气、养气来实现健康。"气以直养而无害""气遍身躯无稍滞"，用气来带动全身，用气来连接身体的每个环节，是太极拳的特色，是其他武术门派所不具备的。所以无论是中医还是太极拳都十分看重气。《黄帝内经》这部中国古老的医学巨著，千百年来一直是中医治病的理论基础。它认为："夫邪之生也，或生于阴，或生于阳。其生于阳者得之风雨寒暑；其生于阴者，得之饮食起居、阴阳喜怒。"意思就是人得病有两种原因，要么得于阴，要么得于阳。得于阳的病是外感，是天地自然变化所造成的，主要指外因；得于阴的病因有三点，即"饮食无节，起居无度，喜怒无常"，指的是内因。这些理论同样指导太极拳的修炼。太极拳的内外同练、性命双修即是以阴阳两个方面用功，以防疾病的产生，进而提高身体素质，增进健康。太极拳讲的"练虚还道""道法自然"，也在中医中有诸多的体现。中医讲的"顺时、顺气"就是顺乎自然的另一种表达方式。中医看病特别强调"三分治、七分养"，养是什么，就是通过饮

食、运动、休息等方法，恢复自身的免疫能力，用体内的正气祛除邪气，用正能量战胜疾病。有的医生让病人学练太极拳，目的就在于太极拳能逐渐恢复体内阴阳平衡，疏通经络，提高抗病能力。大多数中医名家都是太极拳习练者，有的还是太极高手。习练太极拳的人，也应学一点中医，懂一些中医治病的道理，这不仅对自身健康有利，也能提高太极拳的习练效果。中医和太极拳是一条路上的两辆车，它们同为人的健康服务，同为社会进步做贡献。

二、太极拳与国画

国画是人人喜爱的高雅艺术，是展现自然风光、万物生貌的人工作品。它有上千年的历史沿程。自从有了国画，祖国大好河山的美丽景色可以传递，悠久的历史文明可以活灵活现地传承给后人。《清明上河图》流传上千年，它把当时京城盛况、车水马龙、古老建筑、服饰特色栩栩如生地展现在历代人的眼前。国画是中国人勤劳的硕果和智慧的结晶。国画是用心想出来的，是用气描出来的，是用功绘出来的。太极拳的心、气、功与国画的心、气、功是相通的。心贵静是习拳的准则，在盘架子时始终保持心中寂静，抱元守一，神气相合于心。在轻柔缓慢的过程中细心体味神的动静意境。这种意境不正是画家在作画时所必有的吗？如果心猿意马，或者心慌意乱，那是无论如何也作不好画的。齐白石是国画大师，他的太极拳也练得炉火纯青，他作画时几乎忘掉一切，全神贯注，只在画中。

太极拳"以心行气、以气运身"，作画人也是"以心行气"。但他们不是运身，是以气运笔，气到画成。这样画出的画有生机、有活力，给人以静中寓动的感觉。你看徐悲鸿的骏马图，展现在人眼前的不是画，是骏马奔腾的场面。没有气的运笔，没有气的催动，是不会有如此效果的。

　　作画人是要有功夫的，要有腿功、手功、身功。有功才能把力运到笔尖，有功才能周身一家、一气呵成，有功才能随心所欲。否则作画就要断劲，就会前后不整，就可能支离破碎。这些功即是太极功，即便不练太极拳，由于长期作画，长期保持这种画姿，长期保持这种"静"态，太极功夫也会在不知不觉中悄然上身于作画者。

三、太极拳与京剧

　　京剧是高雅艺术，自徽班进京，至今已有三百多年的历史。和太极拳产生的年月相接近，它们虽不是孪生兄弟，但也可称得上是艺术园中的姊妹花。京剧最早在民间，后传入宫廷，成为才子佳人娱乐的佳品；太极拳早在深山，经在民间的传播后，也步入皇宫、王府，成了公子王孙健身的妙方。京剧和太极拳一样，都曾为少数人所拥有、所享用。只是到了近代，它们才走出了深宫宅院，走出了家庭围墙，在社会上广泛流传。改革开放后的今天，人们的物质生活有了极大的提高，精神生活也得到较大的满足，京剧、太极拳已成了人们娱乐的两大法宝。每天早上，湖边、河畔、公园到处可以听到优美动听的西皮、二黄，到处可以看到潇洒自如的太极身影。有时还可以同时享受到在《贵妃醉酒》曲牌的旋律下，舞动太极剑的飒爽英姿。每当看到这一幕，人们会想到，京剧和太极拳竟是如此的和谐，它们合作得竟是这样的默契。它们是相通的，它们是一脉相承的。

　　很多京剧演员都把练太极拳作为提高功底的手段。他们学太极的松静，可以表演从容、镇静，更能进入人物状态；他们学太极的沉气提神，可以自如潇洒，坐唱念打更能完整流畅；他们练太极的上、中、下丹田，可以壮内气，发声更能做到"三腔共鸣"；他们学习太极身法，可以五

弓齐备，武打更加逼真。太极拳的许多功夫都可在京剧中得到应用，可以说练太极拳就是练京剧的基本功。著名京剧表演艺术家梅兰芳，就是一个太极拳习练者，他每天早上除了练嗓子之外，还要打一趟太极拳。在京剧《霸王别姬》中，他扮演虞姬挥舞双剑，如双蝶翻舞，如行云流水，功夫之深，令人赞叹不已。没有多年太极拳的功底，表演很难做到如此娴熟、如此到位。

练太极拳的人也大多喜爱京剧，他们喜爱京剧坐功沉稳，声音流畅，念词铿锵有力，打斗配合精巧。这些技艺融入了太极拳，使其"坐如钟、立如松、行如风、卧如弓""静如山岳、动似江河"的功夫更加臻于缜密，更加完美无缺。京剧的"德艺双馨"犹如太极拳"性命双修"的体现，做到了德高艺精也就实现了性命双修的目标。练太极拳的人，如果爱上了京剧，并能学会几个唱段，那就会从另一个角度认识太极拳、理解太极拳，从而拓宽了学练太极拳的渠道。

京剧和太极拳的结合，是艺术和功夫的结合，它能使艺术更趋完

图17　双峰贯耳　刚柔相济

美，功夫更能纯真。他们的结合，是外示和内练的结合，可使外示有了深厚的底气，内练派上了用场，这样太极拳便可找到一块永不消失的用武之地。

第三节　太极拳与琴棋书画

太极拳不仅是武术，也是文化，它与中国传统文化艺术是相通的，因此，它要与各种文化艺术相融合，要引进和吸收各门文化艺术的风格与特长。中国的琴、棋、书、画是国人共同认可的高雅文化艺术，掌握了这些或其中的一门，便可使人气度风华。习练太极拳就要学会引进和吸收这些艺术的精华，以此来丰富、充实、完善太极拳。操琴人的豪放、弈棋人的专注、行书人的严谨、作画人的沉稳，这些风格和专长习拳人都应学习、具备，使其成为练拳的规范和日常生活的习惯。

一、琴

琴在中国已有几千年的历史，它是宫庭举行各种庆典和民间百姓娱乐的工具，有时也用于政治、军事、外交场合，作用不可低估。殷纣王终日沉迷于靡靡琴音丧志亡国；周平王听师旷操琴夜不能寐；楚霸王听四面楚歌乌江自刎；诸葛亮城头弹琴退十万精兵；俞伯牙摔琴祷挚友；岳鹏举瑶琴少知音。在那个年代，琴成了刺向敌人的矛、保护自己的盾。现在，琴是乐器中的佼佼者。在2008年北京奥运会上，千名太极高手、五百古筝贤人共同献艺于开幕式，琴音似潺潺流水，拳姿如龙飞凤舞，好一派中华传统文化的壮观景象。琴和拳好像天生一对，行拳者有琴的伴音，神清

气爽，拳姿更加迷人；操琴者有了拳的参练，意专气顺，琴声更加动听。琴弦和而琴音正，拳气和而身不歪。操琴要心静、身正、从容，练拳要神清、形整、安详。有许多太极拳习练者，每次练拳都喜欢用伴奏带，以琴声来排除干扰，使自己心静神安。他们在优雅的琴声中练拳，节奏明快，气度从容，更能达到好的练拳效果。操琴人是豪放的，琴声似河水咆哮，万马奔腾；操琴人又是文静的，琴声如潺潺流水，鸟语蝉鸣。在琴声中练拳，拳可以升阶，人可以升华。拳在琴中，人在拳中，展现给人的是艺术美感，自己获得的是文化享受。

二、棋

说到棋，笔者想起一位棋友讲过的事。一次，他看到一伙人在路边下棋，便凑过去看。人较多，他从缝隙中钻进去，坐在地上，以手拄地，侧着身子。不知过了多长时间，棋局结束了，他才离去。晚上开始感觉手腕疼，这才想起是白天在路边看下棋拄的。当时全神贯注看下棋，手疼竟全然不知。一个普通的棋艺爱好者，对棋竟是如此专注。凡下棋的人，不管是象棋、围棋或其他什么棋，都知道弈棋是不能走神的。尽管对神并未提出什么特殊要求，弈棋者亦然能够做到全神贯注。太极拳对神的要求很严，提到了"神为主帅"的地步，但还是有人练拳时精神不集中，这是什么缘故，确实值得研究。

下棋人对棋是有浓厚兴趣的，视棋如宝，有的甚至视棋如命，这种兴趣使其弈棋时忘记了一切，甚至忘记了自我。这种对棋的执着，使精神高度集中，自始至终沉浸在对弈之中。

下棋时以棋领神，神随棋走。棋高一筹就是讲棋看得远，别人能看三步，你却能看四步，总是先人一步。争胜的弈棋规则，决定了弈棋者必须有超前的思维，必须深谋远虑，而要做到这一点，心猿意马是不行的。

下棋是两个人的行为，棋局的变化不是一厢情愿的事，既无固定模式，也无常规可循，你走我应，你变我变，容不得丝毫懈怠，更不能分心走神。

以上这些是下棋人能够全神贯注的几条因素，值得练拳者研究和效仿。下棋人还有一个突出特点，就是动中寓静、静中寓动。对弈时双方都坐得很稳、很静，但他们的思维却在不断地动，脑子时刻也不能停滞，这种动又是在心里非常平静的状态下进行的。心静也是下棋人的基本功，心动步必乱，心慌棋必输。

练拳人如能自觉地学习下棋人的这些特长，运用好他们的这些心法，就会使自己练拳时更加沉稳，更加专注，更能发挥自己的潜力。而下棋人如能练太极拳，那对他们帮助就更大了。练拳人周身一家的整体观，可使下棋人对弈时布局结构合理、进退有序；练拳人"以心行气、务令沉着""气沉丹田、不偏不倚"的心态，可使下棋对弈时运子细腻，取舍有方。太极拳人遵循的原则"不是为了打败别人，而是为了战胜自己"。下棋是要分胜负的，几乎所有的棋手都是抱着争胜的心态上棋场的。如果你掌握并运用了太极拳的习拳原则，反其道而行之，不是一味地想赢，而是努力克服自身毛病，力争不失误、不走软着，自己的每一步棋都走得正确，那对方哪有不败之理。中国象棋泰斗胡荣华，每次对弈不争胜、不妄胜，抱着求和的心态，稳操棋势。他把中国儒家的中庸思想运用到了弈棋上，取得了惊人的效果，终获14次全国个人赛冠军，无人能及，是中国棋界空前的奇人。

不争胜不是不想胜、不能胜。事物的发展规律往往就是这样，世界的战争狂到处侵略、扩张，把争胜的魔爪伸向世界各地，可结果总是以失败告终。最后的胜利还是属于爱好和平、维护和平的人们。

三、书

　　书法是人人都喜爱、却非人人都能掌握的一门艺术。一幅精雅的书法作品价值连城。谁家墙壁上有一幅名人字画，谁就增添了高雅风华的气度。练好书法，那可不是一件容易的事，除了有名人指点外，自己必须下一番功夫。王羲之是家喻户晓的书法家，他的儿子也酷爱书法，在其父的教诲和指导下，夜以继日地苦练。一次他练到很晚了，不觉有些困意，便伏案睡着了。这时，王羲之走进书房，看到儿子趴在桌子上睡着了，手里还拿着笔。走到桌前一看，儿子写的诗中最后"太"字还少一点没来得及写，他便轻轻拿过儿子手中的笔，把这一点写上，便回了自己的房间。过了一会儿，他的夫人也到了儿子书房，看到儿子的书法，感慨万千。拿起笔在另一张纸上写了两行字："吾儿写尽三江水，唯有一点像羲之。"字如其人，一眼便知分晓，写尽了三江之水，只有那么一点相像，可见书法的功夫之深，这与太极拳十年不出门没什么两样。书法要求十分严谨，不容有丝毫的偏差，一横一竖、一笔一画都须认真仔细。行书时要立身中正，全身放松，神态从容，"心中如金佛盘坐，笔下似玉女穿梭"。行书的过程酷似太极拳的走架过程。习练太极拳的人，要具备行书人持之以恒的精神和严谨不懈的态度，引进和吸收行书写字的优势和特长，使太极拳练得像书画那样美，像行书那样流畅。

四、画

　　画与太极拳上节已经讲到，本节不予再次论述。作画人的沉稳功夫和练太极拳是一致的，有了沉稳才有了耐心，有了耐心才能画出好画，才能练好太极拳。

第四节 太极拳与诗词歌赋

人们要讴歌大自然的美景，要抒发人生感悟，要沟通人与自然，使其更加默契，于是便有了诗词歌赋。诗词歌赋与太极拳的意境有着天然的统一，谈诗词感受太极，练太极体现诗词，同样都是一种快乐和享受。当代太极大师余功保在谈及诗词歌赋与太极拳的关系时写道："唐诗与太极拳的意境高度吻合，每当练太极拳时，全身有一种通透清爽的感觉。"的确，当拳练到一定程度就进入了诗的意境。太极行拳稳定如山，行气如水。诗自然、清新、随性。太极拳和诗的境界相一致。诗的情怀和态度，也是太极拳习练者应具备的。

宋代诗人王观写的卜算子《送鲍浩然之浙东》一词：

"水是眼波横，山是眉峰聚。欲问行人去那边？眉眼盈盈处。才始送春归，又送君归去。若到江南赶上春，千万和春住。"

把人与自然的关系写得淋漓尽致。人们喜爱自然、向往自然、依恋自然，"千万和春住"，愿与春天永远一起长住。这与太极拳的"顺其自然""天人合一"的理念也不能算是巧合。

刘邦的《大风歌》：

"大风起兮云飞扬，威加海内兮归故乡，安得猛士兮守四方"。

曹操的《步出夏门行》：

"秋风萧瑟，洪波涌起。日月之行，若出其中；星汉灿烂，若出其里。"

《短歌行》：

"山不厌高，水不厌深，周公吐哺，天下归心。"

这些歌写得何等有气势，体现了作者气吞山河的勇气和誓夺成功的决心。太极拳的"不在架势在气势""人不知我，我独知人，英雄所向无敌""形如搏兔之鹄、神如捕鼠之猫"，这些又是多么的壮观，表现了习拳者的风范。拳与歌，两者的气势、精神是一样的，只是表达方式不同。

东汉大诗人王粲的《登楼赋》：

"登兹楼以四望兮，聊暇日以销忧。览斯宇之所处兮，实显敞而寡仇。

挟清漳之通浦兮，倚曲沮之长洲。背坟衍之广陆兮，临皋隰之沃流。……

把人的思绪与大自然的景致写得如此细腻、真切，人完全融入了自然，这和太极拳练到物我两忘时的心境不是完全一样吗？不同之处就是，歌赋有喜有忧，而太极拳习练所获得的永远是乐观，永远是蒸蒸日上。

练太极拳是享受，读诗词歌赋也是享受，两者结合起来是更大享受。闲暇时间吟几首诗词，再练一套太极拳，会把你带入如醉如仙的意境，所享受的快乐是其他活动难以找到的。

其实太极拳本身就是诗词歌赋。

"无形无象，全身透空。
应物自然，西山悬磬。
虎吼猿鸣，泉清水静。
翻江播海，尽性立命。"

多么好的《授秘歌》，对仗公整，和仄押韵，用歌的形式，传授太极内功之秘诀。

《十三势行功歌》：

"十三总势莫轻视，命意源头在腰隙。
变转虚实须留意，气遍身躯不稍滞。
静中触动动犹静，因敌变化示神奇。
势势存心揆用意，得来不觉费功夫。
……
若言体用何为准，意气君来骨肉臣。
详推用意终何在？益寿延年不老春。
……"

这首歌出自张三丰还是王宗岳尚无定论。此歌140字，字字切要，言简意赅，几乎涵盖太极拳的全部要领，而且读起来朗朗上口，如不按歌中所言努力研习，必然枉费功夫，一无所获。

还有《打手歌》《八字歌》《打穴歌》等好多太极名家所作的歌，都以太极拳理论收入了太极专著中，就其艺术价值看，在诗词歌赋中也不失为佳作。

以诗的形式传授太极真谛是太极理论的一大特点，它充分显示了太极拳是文化拳的真实意义。

"太极阴阳少人修，吞吐开合问刚柔。
正隅收放任君走，动静变化不须愁。
生克二法随着用，闪进全在动中求。
轻重虚实怎的是，重里显轻勿稍留。"

这是一首多么好的七律诗，可它却是传授太极功夫的《阴阳诀》。它集诗与太极于一体，诗的形式，拳的内涵，是诗与拳结合的极好典范。可见诗也是拳、拳就是诗。诗是文化形式的拳，拳是武术形式的诗。

"太极长拳真可夸，变化无穷独一家。
妙处全凭能借力，当场着意莫轻拿。"

"春嘘明目木扶肝，夏至呵心火自闲。
秋呬定收金肺润，肾吹唯要坎中安。
三焦嘻却除烦热，四季常呼脾化餐。
切忌出声闻口耳，其功尤胜保神丹。"

"轻灵活泼求懂劲，阴阳既济无滞病。
若得四两拨千斤，开合鼓荡主宰定。"

这一篇篇、一首首，分明是唐诗，是七律、七绝，而这些却都是拳论、拳诀，是指导练太极拳的妙方。

赋是古典文学中的散文，多半是用来赞颂美景，抒发情怀，阐述道理的。而在太极拳的理论著作里，也有一篇堪称赋之佳作的文章，这便是王宗岳的《太极拳论》。这篇文章被太极拳人称作拳之母篇，是习拳人所必读、甚至应该背下来的。文章开宗明义，直入主题：

"太极者，无极而生，动静之机，阴阳之母也。动之则分，静之则合，无过不及，随曲就伸。人刚我柔谓之走，我顺人背谓之粘。动急则急应，动缓则缓随。虽变化万端，而理为一贯。"

"……粘即是走，走即是粘，阴不离阳，阳不离阴，阴阳相济，方为懂劲。然后愈练愈精。默识揣摩，渐至从心所欲。本是舍己从人，多误为舍近求远。所谓差之毫厘，谬之千里，学者不可不详辨焉。是为论。"

这是一篇理论和实用价值极高的太极佳作，从它诞生以来就一直被誉为太极拳习练者的座右铭。不学《太极拳论》就不懂太极，不背《太极拳论》就不理解太极，这些已成为太极拳习练者的共识。多少年来，它一直是太极拳习练者的理论指导。可它又是一篇文学价值极高的绝世文章。中心突出，结构严谨，语言流畅，用词准确。它就是《太极赋》。

在太极理论巨著中，还有一篇可以与《太极拳论》相媲美的佳作，这就是武禹襄的《十三势用功心解》。它是这样论述的：

"以心行气，务令沉着，乃能收敛入骨。以气运身，务令顺遂，乃能便利从心。精神能提得起，则无迟重之虞，所谓顶头悬也。意气须换得

灵，乃有圆活之趣，所谓变换虚实也。"

……

"曲中求直，蓄而后发。力由脊发，步随身换。收即是放，放即是收，断而复连。往复须有折叠，进退须有转换。极柔软，然后极坚刚。能呼吸，然后能灵活。气以直养而无害，劲以曲蓄而有余。心为令，气为旗，腰为纛。先求开展，后求紧凑。乃可臻于缜密矣！"

图18　三蹬脚　神态自若

这篇佳作可称得上太极之《离骚》，论理浅显，寓意深刻。学了这篇文章，就找到了开启太极之门的钥匙，吃透了这篇文章，就理解了太极拳的深刻涵义。它是习练太极拳的指导篇。同时，这篇文章还有极高的文学造诣，它的作者武禹襄是个出自文化世家的文人，读了很多书，诸子百家无一不通，诗词歌赋无一不晓。当他得到王宗岳的《太极拳论》后，潜心研究，后来又从师陈清萍学陈式太极拳，在此基础上创编了武式太极拳。

他把写文章的"启、承、转、合"创造性地运用于武式太极拳中，形成了独具特点的"起、承、开、合"，把阴阳转换贴切地运用于拳中，使武式太极拳的文化内涵极深，被人称作文化人练的拳。武禹襄直接传人极少，但他的太极理论专著颇多，除《十三势用功心解》外，还有《打手歌》《太极拳解》《身法八要》等，不胜枚举。武禹襄对太极拳的理论贡献是突出的，他把太极拳从理论和实践的结合上提到了一个新阶段。从而证明，文化是太极拳的基础，有文化的太极拳习练者，对太极拳就会理解得深、学得快、练得好。

诗词歌赋是古文化的精髓，是现代文化的先河，掌握诗词歌赋对习练太极拳帮助极大。心有诗书气自华，身怀太极气更华。有了诗词歌赋的基础，太极功夫就迈出了第一步，而且在以后的太极拳学习中，它会步步为习练者加力，步步助习练者成功。

第七章
太极拳的艺术品味

太极拳是武术，也是艺术。武术是太极拳艺术的表现形式之一。太极拳的生命力是它的艺术品味；太极拳的前途是挖掘它造福于民的艺术价值；太极拳的发展方向是扩展它的艺术内涵。

学会了太极拳，便步入了艺术殿堂。太极艺术是广泛的、全面的、高品味的、深层次的。真正掌握了这门艺术，人的生命价值就可得以升华，人的生活质量便可得以提高，人就可以在诸方面提高能力和品味。

第一节 修心艺术

修心是太极拳独特的练功方法，也是太极艺术的突出特点。王宗岳的《太极拳论》中指出："默识揣摩，渐至从心所欲。"武禹襄《十三势用功心解》中说："先在心，后在身。""心为令，气为旗，神为主帅，腰为驱使，所谓'意气君来骨肉臣'也。"李亦畬的《五字真诀》第一项就是"一曰心静"。练心、修心是太极拳的第一要务，人的所有活动，心是决定一切的。太极拳修心的艺术特点突出表现在内求、自调、善养等方面。

图19 十字手 灵活多变

知理正心。太极拳十分强调中正，处处要有中正，行拳中必须做到"不偏不倚""中正安舒"。心正才能身正，先贤们说的是身正，实际强调的是心正。知理是心正的先决条件。知理，即知书达理，读书明理，天理、人理、事理、拳理等都须知晓。如《大学》所倡导的"意诚、心正、修身、齐家、治国、平天下""自天子以至于庶人，壹是皆以修身为本"，这些大道理更应明白。知晓明白了这些道理，不是为了教育和帮助别人，主要是为了警示和约束自己，使自己知道如何为人、做事、行拳。只有心正了，为人才能正直，办事才能公正，练拳才能得法。

其实，正心不光是对练拳人的要求，也是所有人成就事业的准则。苏询把崇尚正义作为修养品德、纯正思想的重要标准，他说："凡兵上义，不义，虽利不动。"意思是说，带兵打仗，得培养士兵的正义感，如果没有这种正义感，用利益驱动是不能打胜仗的。大科学家钱学森正是有一颗报国的正义之心，才毅然回国，把自己渊博的知识和非凡的才能贡献给国家和人民，才创造出了辉煌的业绩。大文学家关汉卿正是有了"人生自古

谁无死，留取丹心照汗青"的正义心，才写出了令人可歌可泣的绝世佳作《窦娥冤》。因此，习拳人正心，不只是用于练功，要把这种心正的习惯融入日常生活，用于为人处事之中。

知势顺心。练拳人的心要顺，心顺才能健康，心顺才能成事，心顺才能与人和谐相处。要想心顺，必须知时、知势，所谓"识时务者为俊杰"。势就是自然发展趋势，知势就是认清这种趋势，自觉按自然规律办事，也就是凡事都要顺其自然。太极拳习练者在知理的基础上，又能知晓大势，就能明确志向，确定进取目标，一切顺势而行，事业便可成功。

天是大太极，人是小太极，人心和自然是相通的。人不能改变自然，只能合于自然，顺其自然，顺心就是顺乎自然。太极拳的艺术性突出表现在利用松、静、慢、匀、整等运动方式，保持心理平静，心情舒畅，心气顺和。

知势还表现在按规律办事。太极拳"用意不用力""气沉丹田"等各种行拳要求，都是符合人体生长、生理规律的，是激发内动力、还人生幼儿时期生命之旺盛力的手段。长期坚持即可挖掘人的内在潜能，健康水平和技击能力均可得以提高。

知己修心。"知己知彼，百战不殆"，知己既是功夫，也是修养。太极拳的行功特点是"内求本具"。求本须先知本，自己不认识自己，就很难发挥自身潜力。李亦畲在《走架打手行功要言》中说："平时走架是知己功夫，一动势先问自己，周身合上数项不合，稍有不合，即速改换。走架所以要慢，不要快，打手是知人功夫，动静固是知人，仍是问己。"这就告诉我们无论是走架还是打手都须问己，只有把自己弄明白了，才能战无不胜。知己是为了修心，是为了扬长避短，因此，要认识自己的优势，尤其要知道自己的不足，修心的重点就是克服不足之处，改掉自身的毛病。

练太极拳，提高功力靠修心，日常生活、为人处事也必须修心。品德高尚的人、克己奉公的人、乐于助人的人、谦虚诚实的人，都是修心做得好的人。曾子"每日三省吾身"、雷锋"对个人主义像秋风扫落叶"、郭明义"帮助别人快乐自己"，他们的优良品质都是靠修心来实现的。太极拳习练需要具备这种品质，有了这种品质才能心静如水、身净如玉、沉着松静、中正安舒。才能内求本具、舍己从人、发挥潜能、便利从心。才能虚怀若谷、气不阻滞、形满神聚、浑厚高远。不注重修心的人是练不好太极拳的。心高气躁、心猿意马、心合神离、心形不一，这些都是练太极拳之大忌。

第二节　修身艺术

太极拳的每一个动作都是在修身，它的艺术品味在修身中表现得尤为突出。外国人把太极拳称为"东方芭蕾"，就是看重了其动作中

图20　进步栽捶　一丝不苟

的艺术效果。他们把人体造型视为一种高雅艺术，并能动地创造了"维纳斯"神奇的艺术形象。中国人把艺术运用于人体造型，太极拳的创始者，虽然没有想把艺术运用于每个动作中，却实现了每个动作都凝聚了艺术的智慧和光彩。

松身求活。人们在日常生活中经常处于紧的状态。各种劳动是在肌体紧的状态下进行的；学习、工作以至各种社会活动给人思想造成紧张；甚至有些娱乐活动如下棋、打牌也让人紧张不已。人需要放松，需要从紧的状态中解脱。休息是放松的方式，但有些人身体休息了，脑子没休息，从一种紧张转换为另一种紧张。太极拳的松有极高的艺术性，它是身心同松：松身，松透周身上下、内外，顺畅人体所有关窍、脉络，使气血运布周身，做到毫无阻滞，全身透空。松心，就是调整心绪，使之不慌乱、不紧张、不拘谨，保持心气平和、愉悦自然、内心充实。太极拳的这种松，不是只在行拳走架、站桩静坐时，而是通过常年的训练，养成了松的习惯，形成了太极松的功夫。这种松是自觉的、能动的、有目的、有规律、按规则进行的，练太极拳能祛病强身、延年益寿、优化生命、开发智慧，其奥妙就在这个"松"字。其实不练太极拳的人也常常放松自己，比如户外休闲散步、欣赏音乐、闭目养神等，但这种放松是一时的、无规律的，虽能收到一时的体力和脑力的恢复，却不能收到长效。太极拳的松是完全符合人体生长规律的松，是全方位的松，是因人而异、因时而异的松，是科学的，是长期起作用的。

松带来的突出效果是活。肢体放松带来周身灵活，从手到脚九大关节都松开了，全身无一处紧皱，周身活如车轴；内里松，从内脏到皮肉无紧张处，气血通畅无阻，筋骨轻松有力，内活带来外壮；头脑松，思维敏捷、反应灵活、处事坦然、心情愉悦。全身的松带来的是整体的活，全身各个器官、各个要素，乃至每个细胞都被激活，人的生命力就会更加旺盛，健康就永驻人身。

运身求整。太极拳练到一定程度，肢体的运动就不再是靠肌肉收放的机械运动，而是由内气催发的意气运动。"以心行气，以气运身"，就是说气是动力，肢体靠气的驱使来运行。气是连续的、完整的、鼓荡的，从而使身体运行是一致的、相合的、整体的。其表现为：

呼吸和动作合一。因为动作是由内气驱动的，因而也可说是外气和内气合一。初学者不可强求，只要动作和缓，呼吸自然，姿势正确，周身不着力，而且舒适就可以了。待到动作十分娴熟，呼吸自然深长，丹田有气动的感觉时，便有了内外气相合的基础了。这时也不需要有意识地强合，只要按拳理、拳规下功夫，内外气便会自然合一。这如同种地一样，只要水、肥、光等各种条件具备，种子自然就会破土而出，茁壮生长。

心理和生理合一。人的心理和生理原本是相合的，只是随着人脑的逐渐发达，产生了意识，开始了人为的活动，心理就开始背离生理。比如，人为了享受，大量食用鸡鸭鱼肉，饮酒吸烟，通宵达旦地玩耍；人为了追求名利，日夜操劳，尽心用神，不惜体力和脑力大量透支；人还有喜怒哀乐、悲欢离愁等，这些使人心理背离了生理的自然规律。同时，由于生理的不适，也伤害了人的心理。自然是心理和生理的结合点，只要两者都符合自身的自然规律，心理和生理也就自然合一了。太极拳所追求的是"天人合一"，就是一切顺其自然，因而它是实现心理与生理合一的最好途径。通过长期习练太极拳，人的心是平和的，身体是顺畅的，身心总是处于和谐状态，举手投足轻松愉快，心情舒畅，轻盈灵活。心理和生理是统一的，是相辅相成的，合一就可以做到互相促进。名师授徒既教拳架，又讲拳理，尤其强调心理。拳练得好、功夫深，没有心理素质的提高是不行的，而心理素质高，需要通过娴熟的拳功修炼出来。

周身合一。练太极拳始而动意，继而内动，然后外动，内外一致，周

身一家。所谓"一动无一不动，一静无一不静"，就是要求由脚而腿、而腰、而肩、而肘、而手，总须完整一气。单练一势，一势要完整一气；连贯练八十五势，八十五势连贯一气。每个架势之间不可有停顿处，内外、上下、左右、前后都要协调一致，完整无缺。不管练多少势，一个架势接一个架势，不可有凹凸，不可有缺欠，不可有停顿，不可有断续，完整无缺，一气呵成。势子是完整的，套路是完整的。周身合一是太极拳形体整的集中表现，是太极拳身法的基本要求。

正身求安。立身中正是太极拳最基本的要领之一，它要求在习练过程中始终保持形正、气正、意正，使身心得到充分的舒展与安定、安稳。因此，太极先贤对中正论述得极为深刻和细致。王宗岳的《太极拳论》中指出："虚灵顶劲，气沉丹田，不偏不倚，忽隐忽现。"《十三势行功歌》中说："尾闾中正气贯顶，满身轻利顶头悬。"武禹襄在《十三势用功心解》中说："发劲须沉着松静，专注一方；立身须中正安舒，支撑八面。"太极拳的全部变化，都须在中正的前提下完成。立身中正首先是头要正，不可低仰，不可左歪右斜，百会穴有虚灵上领之意，眼睛要始终平视前方。其次是身正，要双肩保持水平，不能一肩高一肩低，胯也要平，即两个髋关节要平。双腿要虚实分明，步随身换，虚实变化。前进、后退时上身保持平移，不可探身和后仰。在静态情况下做到立身中正是容易的，在行拳走架乃至与人交手的动态情况下，也必须保持中正状态。如果做不到中正，那么内气和动作就合不起来，推手时既抵不住对方的劲力，也不能听出对方的劲力，自身的掤劲也出不来，必将受制于人。不能立身中正，就不能气沉丹田，心肾无法相交，经络难以畅通，气血周流受阻，不仅功夫难以提高，也不会收到更好的健身效果。

立身中正的关键是心正，心里十分平静，没有丝毫的紧张和浮躁。心静了，身才真正能正，才能安舒、安定、安稳。只有在心里平静的状态下立身中正，脊柱才能在放松下垂直，肩胯才能在放松下摆平，双腿才能在放松下变换虚实。没有心正，单纯追求身正，可能会出现僵直现象。立身中正是在全身放松状态下的中正，是在轻灵前提下的中正。

立身中正是练太极拳总的要领，并不是要求练拳的所有动作身躯总是与地面垂直，也不是各门派太极拳都不出现斜的姿势。吴式太极拳在演练过程中就经常出现斜的现象，其特点是，"斜中寓正"，更显示了它的独特之处。如"搂膝拗步"这个动作，完成的一瞬间，手掌向前按，身体是向前倾的，这不能说是违背了立身中正的要领。对立身中正要正确理解、灵活掌握、恰当运用。最重要的一点是看气势、看心态，不能单纯看外形。

第三节　修为艺术

"性命双修"是太极拳习练的准则，也是区别于其他武术运动的突出特点。太极拳的好多要领不单是规范行拳走架的，不仅仅是对肢体变化的要求，也是对习练者行为的规范和要求。这些规范和要求，不单是在练拳的过程中体现，也是日常生活需要处处做到的。太极大家不单拳练得令人称赞，举止言行也同样让人敬服。

太极拳习练特别强调用意，每个动作都是在意念指使下认真完成的。长期练拳的人就自然培养出了善于思考、遇事深思熟虑的性格。有了这种性格，就会自觉规范自己的行为。太极拳特别注重养生，每次习拳之后，神清气爽，血脉通畅，既养生、又育德。孟子说"吾善养浩然之气"，这种浩然之气，就是道德涵养。有了这种涵养，人的行为就端正、举止就文雅。太极拳特别强调"悟理"，把明理作为学练太极拳的前提来要求，学

习拳理，学习中国传统文化成为学拳的一项重要内容。"文者武相、武者文相"，如谦谦君子、文质彬彬、腹有诗书、气质高华是太极拳习练者追求的目标。有了这种追求，人的品质就优良、道德就高尚。

常年习练太极拳，可使人做到应天为顺、与人为善、练拳为乐。

应天为顺。天就是自然，应天就适合于自然。太极拳的全部理论，全部拳理拳法，可以归纳为一句话，即"天人合一"。就是一切都不能违背自然、逆天而动，要完完全全地按自然规律行事。

太极拳对身形的规范和要求是合于自然的。如身备"五张弓""立如秤准""不偏不倚""立身中正""涵胸拔背""提顶护臀"等，这些都合于人的生理变化要求，做到了既能健身，又可增长功力。

太极拳对动作的要求是合于人体自然规律的。如慢、匀、柔、整的运行动作，"虚实分明""视静犹动""视动犹静"的变化形态，"劲由脊发，步随身换""蓄劲如弯弓，发劲似放箭"的技击要领，都是符合人体运行规律的，实现了这些，就掌握了太极拳的基本内涵。

太极拳对意识的要求也是适合于人心理自然规律的。如"凡下手打坐，须要心神两静""心正意诚，冥心绝欲""以心行气，务令沉着""意气须换得灵""精神能提得起"等，都是按人的心理变化规律提出的要求，完全按这些要求行拳走架，不仅可以增强内功，还可提高人的心理素质。

掌握了这些技能，具备了这些素质，人就能够与自然和谐相处，就能行拳顺随，处处顺意。

与人为善，这是习拳人必须具备的素质。长期习练太极拳的人，只要严格按拳理、拳法去做，坚持"性命双修"，这种素质便会在不知不觉中得到锻炼和提高。太极拳"不争胜""不妄动""舍己从人""心正意诚"的规则，是教人练拳的，也是让人与人为善的。

与人为善包括与师及前辈、与众师兄弟及同门、与旁门及其他习武者，还包括身边的人及所有经常接触的人。只有和这些人关系处好了，才能获得和谐、友谊的生活环境，才能有互相帮助、共同提高的习武氛围，技艺才能得以提高，生活才能快乐。

习拳为乐。能不能保持乐观有为的态度，是心理素质的表现，也是生理功能的作用。长期习练太极拳，心能静，气能顺，精益旺，这就为保持乐观情绪打下了良好的基础。从心理角度看，太极拳始终要求习练者以一种积极的、乐观的、健康的态度练拳，从练拳中获得身心的快乐和享受。在这种态度下学习动作要领，练拳的一招一势都能获得愉悦和欢欣。这样练拳如饮甘露，如品佳酿，醉心其中，乐在其中。能从练拳中得到快乐的人才是有功夫的人，能把这种快乐带入日常生活，成为一个始终乐观向上的人，那才是有大功夫、真功夫的人。这比以拳争胜、技击赢人的人功高百倍。

获取快乐的渠道很多，有人可以从利益中获得，有人可以从荣誉中获得，甚至有人可以从别人的痛苦中获得。这些都是来自外在的因素，是不牢固、不持久的，往往容易走向反面。只有从习练太极拳中获得快乐，才是发自内心的，才是人生理和心理共同起作用得来的，才是牢固和持久的。

革命烈士在赴刑场的前一天仍然锻炼身体，他们是为了健身吗？是为了长寿吗？肯定不是。是革命的乐观主义驱使他们，把锻炼当作一种乐趣，从而锻炼使他们更乐观。

吸烟是百害无益的，但却有上亿的人在吸，这是因为有吸烟习惯的人从吸烟中能获得愉悦，能缓解一时的疲劳。吸烟在生理上给他们带来伤害，可以从心理上得到一定的补偿。这并不是说吸烟有什么好处，也不是倡导吸烟。而是告诉所有习练和喜爱太极拳的人，用乐观向上的态度练

拳，练拳就是一种享受和快乐。随着太极拳功夫的不断提高，这种享受会体会得更深刻，这种快乐会表现得更明显。

第四节 养生艺术

太极拳的养生功能是尽人皆知的，也是所有练拳者深有体会和深受其益的。目前全世界近两亿人习练太极拳，就是看中了它的养生效能。今后练太极拳的人会越来越多，人们在练拳中获益，这是太极拳的光明前景所在。

太极拳的产生原本是为了养生，为了人延年益寿。创始人张三丰是武当山的出家人，他根据人的生理特点，运用道教丹田养生之术，模仿动物动作形态，吸纳少林武功专长，创立了独具特点的养生功。最初定名为长拳，也叫十三势。张三丰特别强调："盖欲天下英雄豪杰，延年养生，非徒技艺之末也。"据说张三丰活到一百四十多岁，他用自己长寿的事实，验证了太极拳产生是为了养生长寿，习练太极拳确实能收到健康长寿的养生效果。

可是，被张三丰誉为"技艺之末"的技击功能被后来好多人看中了，他们在这方面狠下功夫，成了武林豪杰。这在冷兵器时代是极为有用的，很多人以此建功立业，受到人们青睐和敬仰。技击功能和养生功能是一致的，但处理不好也会出现矛盾或偏废。由于过分突出技击，在练法上和用法上都出现了与养生相悖的做法。尤其是有了武林高手的名气之后，为使自己能始终立于不败之地，保持自身的荣誉，功夫下到了超负荷的程度，伤害了健康，多少有名之士英年早逝，这种教训后人应该记取。

太极拳的发展前途和方向，是它独特的养生功能。太极拳之所以能造福全人类，也是因为它具备养生价值。人类进入了现代化的文明时代，太极拳的技击功能和价值逐渐变小，而它的健身功能的价值越来越大。从而使太极拳习练者越来越多，如何练拳才能健康成了主要话题和大多数人研究的重点。太极拳是武术，它的技击功能必须得到发展。很多人继承传统武术的优势，潜心研究太极拳的技击艺术，使其依然昂首居于武术之林，这是值得称颂和弘扬的。

太极拳的养生艺术突出表现为：

第一，练养结合，养字为先。

学习太极拳要十分注重行拳走架，更要重视站桩、行功。行拳走架是练，当然到了一定程度也是养，是练中有养。做功、站桩是养，是养中有练。养的过程是培植正能量的过程。通过养心，人的神意饱满、精力旺盛；通过养气，人的经络畅通，气血顺畅；通过养身，人的骨骼健壮，气力十足。通过养，使人的各种消耗得到补偿，使人工作生活中的疲劳得以恢复。汉末医学家张仲景在《金匮要略》中说："若人能养慎，不令风邪干忤经络，未经流传脏腑，即医治之。四肢才觉重制，即导引吐纳，针灸膏摩，勿令九窍闭塞。"唐代孙思邈说："气息得理，即百病不生，若调息失宜，即病疴竞起，善摄养者，须知调气方焉。"他们强调的都是"慎养"。太极拳的全部动作要求都是建立在养的基础上，静坐、站桩、行功都是在养。衡量太极拳练的对与不对的一个最基本、最简单的办法，就是看其在练的过程中是否有累的感觉。如果感觉舒适，练半小时甚至更长时间，丝毫没有疲劳的感觉，那就是练对了，长期坚持必有收效。如果练一会儿就感到腿酸、膊沉，浑身乏力，那必然是练得不对。有人练了一趟拳之后，就需坐下来休息，恢复体力，那他练的就不是太极拳。养是太极拳

的基本要求，不累、不乏是实现养的重要标志。

第二，内外同功，以内为主

人的健康主要是由内脏和神气决定的，太极拳的养生健身功效显著，正是抓住了这一决定因素。内外同功，既练外又练内，以练内为主是练太极的基本要求。突出"精、气、神"的训练，"内求本具"的特点，都是眼睛向内的。

首先，它注重内气的培植和训练。内气是维持人体健康的正能量，内气充足，运行顺畅，各种疾病就很难上身，人就健康长寿。太极拳通过纳气、养气、运气、行气等方式，使外气和内气、先天之气和后天之气融合。用外气补内气，用后天之气培植先天之气，使内气不断得到滋养，从而使人体的正能量不断增加。太极拳通过"以心行气，以气运身""气沉丹田""气遍身躯不稍滞"等方式，实现"行气如九曲珠，无微不到"，全身气血畅通，经络毫无阻滞，从而使人百脉皆通，百病皆无。

其次，太极拳注重内脏器官的滋养和锻炼。它的动作缓而顺，柔而匀，适应内脏器官的生理特点，即便是推手训练也不用猛力和僵力。不仅对内脏没有丝毫的伤害，而且通过两人揉手可以起到对内脏按摩的保健作用。沉肩、坠肘、含胸、拔背等外形动作，以及"刻刻留心在腰间，腹内松静气腾然"的技术要领，全都有利于心、肝、脾、肺、肾的健康。

再次，太极拳注重神意的锻练，强调聚神守意。通过松静，使大脑皮层在运动中获得休息，中枢神经既指挥了全身各器官的协调动作，也训练了神经的灵活性。通过"意守丹田""意在先"等长期训练，使意始终统领全身。练太极拳贵乎专心一意，以意导引内脏随动作开合，以助其势，全身自然顺随、气足精壮，各器官和肢体得到全面锻练。

第三，身心双修，修心为上

人要活得健康，只练身不练心是不行的。没有好的心理素质，没有健康的思想观念，就很难有健康的体魄和健全的心理。人的健康受诸多因素影响，其中情欲是一个很重要的因素。人性情暴躁、欲望过多是极易损伤健康的。太极拳强调"性命双修"，并把修性放到突出的位置。经过长期的太极拳习练，人就可以养成止怒和限欲的良好性格和习惯，使人处事坦然、心平气和。修心很重要的做法是调心。通过缓慢、匀整的形体运动，使人心性保持平静；通过"气沉丹田""气以直养"的练功方式，使人总是精通气顺；通过放松和入静，使人放下各种包袱，尤其是思想包袱，去掉了各种压力，健康的心态带来健康的体质。除此之外，通过调心，人的道德修养得到了提高，养成以诚待人、与人为善的好品格，不争强好胜，不争长论短，不斤斤计较，处事大度，对人和颜悦色，笑口常开，总是保持乐观的心理状态。"病由心生"，好多疾病都是因心情抑郁而引起的。中医理论认为，"心主神志"，精气血是神志活动的物质基础，心的气血充盈，则神志清晰，精神充沛，反之则"心神不宁"。《黄帝内经》中说："心者，五脏六腑之主也……故悲哀愁喜忧则心动，心动则五脏六腑摇。"李时珍也曾说过："心为气主，神动则气随。"从以上的这些论述中可以得知，人的健康，心是起决定作用的。修心为上就是通过对心理状态进行调节，来消除身体上和心理上的紧张情绪，使机体代谢功能更加旺盛，达到情志舒畅、积极乐观，实现身心健康、延年益寿。

第四，阴阳变换，平衡为本

《黄帝内经》中对病的产生阐述得极为深刻："夫邪之生也，或生于阴、或生于阳。"其根就是阴阳失衡。中医给人看病开中药，以多药求药性平衡，以重药以调节人体内的平衡。生命在于运动，运动在于平衡。

人们在生活中，由于喜怒忧思造成了心理不平衡；由于饮食不当，造成了体内器官之内气不平衡；由于运动不合理，过于劳累，造成了形体各要素不平衡。有了这些不平衡，于是人便开始生病。如果不解决各种不平衡问题，采取头疼医头、脚疼医脚的办法，任何疾病都不能根治。即便得到一时缓解，还会旧病复发，甚至越治越重。太极拳能使人祛病强身，其根本原因就是它通过阴阳转换，实现人体全方位的阴阳平衡。太极拳是松柔运动，习练中求阴阳变化，实现平衡，从而在阴阳变化中梳理脏腑，达到内外平衡之目的；太极拳是意气运动，"以心行气，以气运身"，通过一开一合，实现阴阳平衡，从而使气血充盈，运行顺畅；太极拳是动静相生的运动，静极生动，动极复静，静中触动动犹静，一动一静，动静平衡，使人身心同时得到锻练，内静外养，内动外静，实现保健养生。

　　太极拳理把天地看成是大太极，把人体看成是小太极。"太极者，无极而生，动静之机，阴阳之母也"。人体既是太极，必然要按太极规律运

图21　二起脚　起落有序

行，因此要求习练者要时时不忘阴阳平衡，处处按阴阳平衡行事，如此坚持下去，便可祛病健身，延年益寿。

第五节 技击艺术

太极拳是武术的一个门派，是拳、是武术，攻防技术是它的基本内涵。随着时代的发展，越来越多的人看中了太极拳的健身养生价值，而这种价值作用越来越大。太极拳能造福全人类，也是从这个意义上说的。但是如果把太极拳的健身保健当成唯一功能，或将其提到超越技击功能的地步，那么太极拳的性质就改变了，太极拳就不再是武术，也无法立足于各武术门派之林，那将是太极拳可悲的下场。普及太极拳，将其作为一项全民健身运动是必要的。但是，弘扬太极拳的武术精神，发展太极拳的技击功能是必须的，这是太极拳自身固有的特点决定的，是太极拳习练者的义务和责任。探讨和研究太极拳的技击艺术，使其更加完善和缜密，是当前太极拳界的一项重要任务。太极拳的技击艺术极为独特，它的思维含有逆向，它的攻防技巧和其他拳术带有相悖，但其作用是明显的，功效是突出的。

一、以柔克刚

老子说："柔弱胜刚强。"既柔又软如何胜过既刚又强，这似乎违背了"优胜劣败""弱肉强食"的常理，可是在太极拳的字典里却出现了"耄耋御众之形"的范例，可见老子说的不仅是治国之大道，也是修身之至理。以刚强之力击人，用迅疾之法制人，是武术中通用之法。如遇以

同法应之者，刚来刚往，力大者胜，但也会带来"伤其一千，自损八百"或两败俱伤的结果。太极拳认为，以刚应刚是"双重"的显现，太极拳以柔克刚才是"阴不离阳，阳不离阴，阴阳相济"。用"黏""化"的办法将其刚猛之力化掉。"黏"即把对方贴住，屈伸进退，不丢不顶，不可太过，也不可不及，随曲就伸，得机得势时将对方击出。切记不可与对方硬顶，不可用猛力击人，不可懈怠，给对方可乘之机。"人刚我柔谓之走，我顺人背谓之粘"。粘即是走，走即是化。柔劲曲而圆，刚劲直而方，以圆抵方，以曲化直，方劲被抵消，直劲落空。以刚抗刚，两败俱伤，劳而无功。以柔克刚，未有不成者。《拳论》中反复强调"引进落空合即出，粘连黏随不丢顶"，就是这个道理。

太极拳的"以柔克刚"并不是一柔到底，而是柔中带刚，刚柔相济。这种刚是以柔运刚，"极柔软然后极坚刚"，是一种发自内里的弹力，是内气充盈后形成的爆发力，这种力要远远大于靠自身肌肉伸缩形成的力。以柔克刚是一种技击艺术，也是一种品行再现。凡好斗之人都是用刚猛之力击人，既快又狠，多半致人受伤。而品行端正的太极拳习练者，不以争胜制人为目的，他们采用以柔克刚化掉对方的来力，既保护了自己，也不伤害别人，即便是采用了内在的爆发力，也是掌握分寸，点到为止。太极拳被称为"文化拳""道德拳"，正是因此而得名。

二、以静制动

"松""静"是太极拳的基本功。如果"以柔克刚"靠的是松，那么"以静制动"靠的就是静。这个"静"体现在三个方面：首先是心静。太极拳采用的是"心静用意"的练法，心神双静、寂寂空空、洗心涤虑、心平气和、以待其动，这就在心理上、气势上占得了先机。同时心静带来的是不急不躁、不慌不乱、从心所欲、稳操胜券。其次是静观其变。通过静达到既知己又知人，不先动、不盲动、不乱动。"静如山岳，动如江河"，彼不动，我不动，彼欲动，我先动。与人交手最关键是知彼知己，静观其变就是既知道对手的当时状态，又观察到了他的变化趋势。由于自己的静，使对手对自己一无所知，无所适从，从而做到"人不知我，我独知人，英雄所向无敌"。第三是静中触动。太极拳的静是"静而无静"，即静中有动，这种动是静极而生，是内动、微动、相对的动，使对方很难察觉到。这种动是一动无一不动，牵一发而动全身，是整体的动、平衡的动、有目的的动、有区别的动、有针对性的动，静以御敌，动而致胜。

《太极拳论》中提到的"动急则急应，动缓则缓随"是以静为基础的，没有静就无法得知对手的"动急"还是"动缓"，便不可能"急应"或"缓随"。从一般意义上讲，无论是防御还是打击，都需要反应灵敏，出手快，力量大，这些都离不开静。"静能生慧"，人的机警和敏感是在静中养成的，人的内力是由静中触动产生的。习练太极拳一招一势、举手投足，均应从静而来，把招式看成是变化中的静，刻刻不离静，静到无极状态，天地未分，精气神内守，从而达到"虚则无所不容，静则无所不应"的境界。

三、牵动四两拨千斤

《打手歌》云："掤、捋、挤、按须认真，上下相随人难进。任他巨力来打我，牵动四两拨千斤。引进落空合即出，粘黏连随不丢顶。"大多太极拳习练者能把这篇《打手歌》背下来，也都知道"牵动四两拨千斤"是太极拳攻防技巧的重要组成部分，在与人交手的过程中，也都

试图以此击败对方。岂知这是一种功夫，没有较长时间的训练，没有名师的指导，此功非但不能上身，对其真正的含义都很难弄清楚。"牵动四两拨千斤"是太极拳法的一个重要特点，有一套完整和深刻的理论体系，要真正理解它的深刻含义，至少需要把握住两点。第一点是以小力破大力，以巧力破蛮力。小力破大力也是需要有力的。练拳应把蓄力作为一项重要内容，尤其是积蓄内力是必不可少的练功环节，一个连缚鸡之力都没有的人如何拨得了千斤？巧力就是《打手歌》中所说的掤捋挤按、粘黏连随。在与别人交手时，通过走化，削弱对方的强势，使自己由弱变强，用整体的力量应对他人的局部力量，从而达到以弱胜强的目的。有了"四两拨千斤"的功法，便有了以小胜大的信心和气势，才不会从心理上产生惧怕情绪，不会被对手的貌似强大所吓倒。第二点是在"牵动"二字上做文章、下工夫。牵动就是抓住对手的薄弱环节，针对对手的关键部位采取相应的措施，使其局部失利导致整体失败。牛的力气是很大的，可是它被牵住了鼻子后，人就可以随心所欲，让它上哪儿它就乖乖地听从摆布。"牵动"的另一层意思是以己之长攻敌之短。把自己的优势全部发挥出来，让对方的劣势全部暴露出来，用己之优势克敌之劣势，这才是立于不败之地的妙方。

　　"牵动四两拨千斤"的妙用，杨澄浦说得十分清楚："纯粹太极，其臂如绵里裹铁，柔软沉重……其拿人时，手极轻而人不能过。其放人之时，如脱弹丸，迅速干脆，毫不费力……其粘人之时，并不抓擒，轻轻粘住，即如胶而不能脱，使人双臂酸麻不可耐。此乃真太极也。若用力按人推人，虽亦可以制人，将人打出，然自己终未免吃力，受者亦觉得甚痛，虽打出亦不能干脆。反之，吾欲以力擒制太极高手，则如捕风捉影，处处落空，又如水上踩葫芦，终不得力。此乃真太极意也。"这些话告诉我们，要做到"牵动四两拨千斤"，既需明理，又得用功。不明理功夫就用不到点子上，不用功或者功夫不到家，这句至理名言便成了纸上谈兵。

四、舍己从人

舍己从人是太极拳技击艺术的精髓。舍己，即是舍去盲目争胜的意念，舍去用力使招的盲动，舍去死打硬拼的妄为。从人，即顺从对方争胜的意愿，以示弱的方式瓦解其斗志；顺从对方的招法，因势利导，破掉其招数；顺从对方的来力，引进落空，化解其猛势。舍己是去掉主观主义，从人是服从客观实际。做到"舍己从人"便可与对方融为一体，使对手无所适从，使自己得心应手。只有从人，手上才有分寸，如不能从人，势必与对手硬顶，就达不到以逸待劳、以弱胜强的目的。"从人"仍是"由己"，不能消极地听从别人摆布，而是要在从人的过程中化解对方的优势，形成我顺人背的局面。"舍己从人"强调的是变被动为主动，要做到"彼不动，己不动，彼微动，己先动"。通过"舍己"化解对方的进攻，让其进攻落空；通过"从人"来保护自己，让对手摸不到、打不着。

"舍己从人"是交手的高层次功夫，没有多年的习拳实践和与人交手的经验，是不能轻易使用的。首先，要头脑清晰、思维敏捷，有很强的应变能力，否则稍有迟疑，就会为人所制。其次，粘、黏、连、随功夫较深，随时都能化解对方的来力，使对方找不到自己的力点，无从下手。再次，内气饱满，内力十足，身法灵活。待得机得势之时，置对手于无奈之中。最后，"舍己从人"之功法，如同孙悟空钻进铁扇公主肚子里的打

法，攻击力极强，运用此法，不可出手过重、过猛，以免伤人。

"舍己从人"从广义上讲还有一层含义，就是无论练拳还是推手，千万不要自以为是，一切都以自己为中心，让别人服从自己，完全按自己的意见办事。要勇于舍弃自己的错误主张，改掉一些不恰当的做法，服从别人的正确意见。要听老师的教诲和别人的劝导，不管是什么人，只要他说得对，他的做法正确，就应向人家学，按人家的意见去做。如果总是认为自己对，不能容人、从人，就不可能取人之长，补己之短，无论是思想修养，还是技击能力都不会得到提高。

第八章
三教思想共铸太极拳

"由着熟而渐悟懂劲,由懂劲而阶及神明"。着熟靠练,懂劲靠悟,神明靠在练和悟的基础上品和修。由着熟的练,到懂劲的悟,再进入神明的品和修,是太极拳的三个习练阶段,也是太极拳功夫的三个层次。到了能修会品的地步,也就进入了太极拳习练的高级阶段。

品和修不单是主观意识的行为,它是通过长期的练、深刻的悟而形成的自身功力的自然显现。没有练和悟的基础,没有功夫的提高,就品不出太极"三味",也修不成太极"正果"。太极拳是以太极理论为指导的拳术运动。太极理论主要是道家思想,它同时也吸收了儒家思想和释家思想,而且随着太极拳的发展,儒、释思想体现得越来越浓。道、儒、释思想是相通的,它们提倡的修为目标是一致的,它们共同铸起太极拳的理论大厦,共同为太极拳的发展和辉煌提供动力。张三丰说:"予知三教归一之理,皆性命也。"太极拳的"精、气、神"的习练内容,"性命双修"的习练方法,"天人合一"的习练目标,是"道、儒、释"三教统一思想的体现。

第一节　道家思想

道家思想是太极拳的灵魂，没有道家思想就没有太极拳。太极拳的创始人张三丰就是道教的修行者，太极拳是他道家思想的体现，是他道教智慧的结晶。他在《祖师遗论》中这样说："学太极拳，为入道之基，入道以养生定性、聚气敛神为主，故习此拳，亦须如此。"在张三丰那个时期，太极拳是道家的专利，不入道是没有资格学太极拳的。现在，不是练太极拳的人必须入道，但只有对道家思想有所了解，掌握了基本精神，才能把太极拳练好。

一、无极为本

关于万物的起源，道家的学说是较早提出来的。《道德经》中说："天下有始，以为天下母。既得其母，以知其子，复守其母，没身不殆。""始"是万物的起源，是处于无极状态。天下万物生于有，有生于无，因而道家修为最重要的是"致虚极、守静笃"。引申到太极拳中，就是练拳先从"无极始"，由"无极"而"太极"。练拳伊始，须先进入无极状态，也就是"静""净"状态。身是空的，空到无形无象的程度，到了"零"的境界，不知体之存在。心是静的，无一丝杂念，无任何思虑，完全进入任其自然的地步。进入此种状态，一切是平衡的，无棱角、无虚实、混元一气。体无阴阳之分，神无动静之感。即为心无所思，意无所动，目无所视，手足无举止，身体无动作，阴阳未判，清浊未分，浑浑噩噩，一气浑然。

图22　降龙伏虎式　应物自然

练"无极"功夫是习练太极拳的第一步，"千里之行，始于足下"，练好无极对于练好太极是极为重要的。古往今来，凡太极大家，无不是在这方面下大工夫的人。吴式太极拳名家祝大彤，太极拳起势一个动作练了九年，就是经过长年训练、摸索进入无极境界。从这可以看出，进入无极之艰难。笔者认为，要实现上述目标，必须有"三心"。首先，要有一颗平常心，也就是自然的心，一切顺其自然，不要有妄想、非分之想，以平常心对待练拳，对待一切，这样心就静了，就平和了。其次，要有稳定的心，能把心定住，不要胡思乱想，不要心猿意马，心要稳住，意要守住，气要沉住。最后，是要有恒心，九年练一式，没有恒心是不行的，有了恒心才能不甘寂寞，不怕挫折，不急不躁，坚持如一。有了"三心"，有了正确的理论指导，坚持不懈，"无极"便会慢慢进入状态。

无极状态是通往太极大道的必经之路。没有进入无极状态，练的就不是真正意义上的太极拳。所有练太极拳的人，都应反思自己，所练的拳是否始于无极。如果不是，那么不管走了多远，都要重返初练阶段，从练无

极开始，直到找到感觉，进入了无极，才算走上了正道。不然就会在偏离太极的路上越走越远。

无极状态也有低、中、高不同层次，在高层次的自身修炼中，身心都要与大自然相通，成为大自然的一部分，融入自然，便无所不自然。

二、阴阳为道

"一阴一阳之谓道"。《黄帝内经》中说："人生有形，不离阴阳。"太极拳是阴阳转换运动，通过这种运动，实现阴阳平衡。练太极拳所有的弊病都来源于不懂无极、太极，没有做到阴阳平衡。因此，练就了无极生太极之后，最重要的就是练控制阴阳，通过各种调节，达到阴阳平衡。

宇宙万物均含阴阳。道家的阴阳思想，说出了世间一切事物的变化规律，揭示了宇宙的本质。老子《道德经》云："万物负阴而抱阳。冲气而为和。"《黄帝内经》云："阴阳者，天地之道也，万物之纲纪，变化之父母，生杀之本始，神明之府也。"又曰："积阳为天，积阴为地。阴静阳燥。阴生阳长，阴杀阳藏。阳化气，阴成形。"这些思想都是太极拳的理论基础，通晓和掌握它，对练好太极拳至关重要。因自然是大太极，人体是小太极，人之存在和变化与自然一样是阴阳变化，规律是阴阳变化规律。《黄帝内经·素问》言："夫言人之阴阳，则外为阳，内为阴。言人身之阴阳，则背为阳，腹为阴。言人身之脏府中阴阳，则脏者为阴，府则为阳。肝心脾肺肾五藏，皆为阴，胆胃大肠小肠膀胱三焦六府，皆为阳。"《周易》在表述阴阳时，把具有刚健、主动、积极、上升等特性的事物归为阳；把具有柔顺、被动、消极、下降等特性的事物归为阴。这就把人身结构、人之性情及行为分出了阴阳，人就可以按着阴阳变化规律来修炼自己，练太极拳则是最佳的修炼方式。太极拳的"性命双修"既修身，又养性，既练内，又练外，它的虚实分明、开合有致、动静相兼等运动形式，是起于阴阳之始，步于阴阳之际，隐于阴阳之内，变化于阴阳之中的太极图的描绘过程。这个过程践行的是"阴阳相济"，获得的是技击能力的提高和健康水平的增进。

三、丹田养气

丹田理论是道家思想的重要内容之一，也是它独具特色之所在。道家对丹极为重视。他们认为世间有一种药，即是丹，是采集世间最有灵性的植物、生物及矿物等物质炼就而成。食了"仙丹"可以使人长寿，甚至可以长生不老，这种药被称为"外丹"。道家更重视内丹，内丹是经过内炼而形成的一种真气，这种真气可以使人神清体健，可以使人延年益寿。道家把练就这种真气作为第一要务和终生的追求。"丹田者，谓出生金丹，造化之田也"。丹田就是道家体内炼丹的地方，也是真气形成和储存的地方。丹田是人体的一个部位，在脐下三寸多一点的内处。外国医学不承认丹田的存在，他们通过解剖的方式未能在人体内找到。他们不知道，只有人活着，丹田的功能才起作用，在死人身上是找不到丹田的。

丹田是客观存在的，是气汇聚的地方，心气之火与肾气之水在此相交产生元气。"气为血之帅"，没有气，血就不能运行，气足血才旺。气、血是人的两大正能量。太极拳以练内气为主要修炼方法，虽与道家的"炼丹"区别很大，但道家的好多做法得以借鉴。王宗岳的《太极拳论》指出："虚领顶劲，气沉丹田。"武术讲"抓住丹田练内功"，特别是太极拳更重视对丹田的修炼。

通过"气沉丹田"，做到吸气时内气贴于命门穴沿督脉上行；呼气

时，内气沿任脉下落。这样随着呼吸，内气鼓荡并向四肢百骸扩散，使"行气如九曲珠，无微不到"。经过这种长期训练，内气会更加旺盛，血液运行会更加流畅，这对技击和健身都是极为有利的。从技击角度看，内气足内力便大，就会有更大的暴发力。从健身角度看，丹田功练好了，不但气血充盈，惠及全身，而且由于丹田这个部位在腹部，习练丹田，实现丹田内气转动，可起到对腹内大、小肠及膀胱等各器官的按摩作用，加大这些器官的蠕动，增强内分泌能力，不仅健身，亦可健脑。练太极拳要气沉丹田，还要意守丹田，它的作用，一是实现气沉丹田，并达到所要达到的各种效果；二是通过意守，即做到心静，实现心、意、气的统一和协调一致，从而增进健康。

丹田在太极拳的习练中得到引申，即脐下丹田被称为下丹田，除此，还有中丹田，在胸腔；上丹田，在颅腔。它们各有各的练法和作用。另外还有遍身皆丹田之说，这是从气遍全身的角度讲的。说法虽然有别，但"理为一贯"，就是重视丹田的作用，加强对丹田的修炼，以提高习练太极拳的技击、健身效果。

四、生克之理

"五行"相生、相克是道家对世间万物相互依存、相互排斥解释的一种表述，这种表述从道家思想的角度揭示了事物的变化规律。做事遵循这一规律，即可取得成功；练拳依照这一规律，即可取得成效。张三丰在《祖师遗论》中说："学者须于动静之中寻太极之益，于八卦、五行之中求生克之理，然后混七二之数，浑然成无极。"

相生表示事物间相互依赖、相互资助、相互补充、相互促进的互根互用关系；相克则表示事物间相互克制、相互制约、相互对立、相互斗争的制控关系。相生是维持事物发展的前提，相克是保持事物平衡与稳定的条件。在医学上，掌握了这一思想，就明了了人体五脏之间的关系和变化规律，并运用这种规律，更好地维持五脏平衡，医治各种疾病，增进身体健康。在太极拳习练中，掌握了五行生克理论，并将其运用于行拳走架中，即可扬长避短、克敌制胜。例如掤性属水，捋性属火，掤克捋，但如果掤弱捋强，反为所克。因此，要审时度势，掌握分寸，把握时机。遇事逢时不能操之过急，形成物极必反的局面，也不能过缓，错过时机。凡事须适中、适度，恰到好处，方能取得预想的结果。

五、天人合一

"天人合一"的思想是道教理论的精髓，其他思想理论都是从这一思想中派生出来的。"天人合一"思想包含三层意思，首先是说，人是天的产物，人具备天的各种特征，人和天是一致的，是统一的；其次是说，人与天要保持和谐，人要顺天、应天，与天平衡一致，凡事不能逆天而行；最后是说，人的发展目标是实现"天人合一"，从而成为自如、自在、自然的人。认清了这些道理，对于太极拳习练极为有好处，它可以使我们认识自己，知道练太极拳从何入手，知道练什么，抓住练"精""气""神"这一环节狠下工夫；它可以帮助我们更好地掌握习拳要领，把顺从自然作为练拳的关键，不拘泥、不做作、不紧张，让习练者全身心地融入自然之中；它可以使我们为实现习拳的最终目标"天人合一"而努力。练太极拳分若干阶段：练形生精、练精化气、练气还神、练神归道。道法自然，实现了练神归道，就是回归自然，就是"天人合一"。

第二节 儒家思想

儒家思想就是孔孟学说，即"孔孟之道"。它是历代封建王朝维护其统治的治国思想，"半部《论语》治天下"，足以说明儒家思想在我国封建社会的历史地位和作用。同时，儒家思想又是千百年来人们道德规范的基石。它所倡导的"仁、义、礼、智、信""忠、孝、节、义"等，成了古往今来中国人的价值观，成了人们自觉自愿遵从的行为准则。因而孔孟的儒家思想也便成了中国人的传统思想。

作为由中国传统文化孕育而生的太极拳，从创始之日起，就受儒家思想影响，它的所有理念、规则，以及要领、动作，无不体现儒家思想的特色，处处闪现儒家思想的光彩。儒家思想对太极拳的产生、发展起着至关重要的作用。

一、和为贵

儒家的核心思想是"和"。孟子曰："天时不如地利，地利不如人和。"孔子曰："礼之用，和为贵。""喜怒哀乐之未发，谓之中，发而皆中节，谓之和。中也者，天下之大本也；和也者，天下之达道也。"他们的这些思想被称为"中庸之道"。几千年来中庸成了人们行为的思想理念，这种理念在太极拳中表现得尤为突出。

太极为和谐之极限。太极拳的目标和方向就是实现全部的和谐、永久的和谐。宇宙万物千头万绪、千变万化，只要万物和谐，阴阳相济，就把握了最简练的知行工具。练太极拳的过程就是沿着这个方向，朝着这个目标行进的过程。练太极拳首先要进入无极状态,这是与天和的过程,也就是与自然合一。习拳者的状态完全与自然状态一致了,太极便自然而生了。行拳走架动作协调,各个器官处于和谐一致,尤其是内外气要相接、相合、混元一体。和的关键是心境平和,练拳不能有非分之想,不能有贪欲之心,不能把世俗的喜怒哀乐带入拳中。人的各种情绪是客观存在的,"喜怒哀乐之未发",不是把它憋在心里,而恰恰相反,通过练拳进行疏导,把它释放出来,把它消化掉,使习练者无怒无忧,始终保持平静、舒适,使心境与环境和谐一致。和的重点是和谐阴阳。太极拳是阴阳转换运动,通过认真、合理地训练,达到阴阳平衡。劲力分刚柔,呼吸分吐纳,步法分进退,身法分起落,技击分攻防,动作分虚实,运行分动静,既要做到彼此一致,又要做到各因素的和谐。这种和谐就是儒家思想所倡导的"和为贵"。"和"在太极拳的终极目标是"天人合一",练太极拳的全部做法都是为实现这一目标而努力的行为。

二、浩然之气

释家偏重于养神,道家偏重于养精,儒家偏重于养气。儒家养的是"浩然之气",这是一种"气势""气度",是清气,是正气,清气可养身,正气以修心。太极拳的"性命双修"突出体现了儒家的这一思想。儒家的功夫很系统,内容很丰富,总结、提炼出一个核心概念,即是"修"。"一切皆以修为本"是儒家的一贯思想。养气的核心功夫在一个"修"字,归根到底是修出涵养气度来,这种气度就是"修身、齐家、治国、平天下"。

在武术界,关于气的说法很多,总体说可分为两类。一类是构成生命的一种物质,是维持人体活动的一种能量;另一类是支撑和支配人活动的

精神，是决定人修养道德的心理意识。太极拳对这两种气都练、都修，无一偏废。

第一类气来源于三个方面：一是从父母身上遗传来的先天之气，也叫元气；二是从自然中吸取的空气；三是从饮食中运化而来的气。后两种是后天产生的，也叫后天之气，太极拳通常说的气主要是指这类以物质形态存在的气。太极理论关于气的论述很多，"外练筋骨皮，内练一口气"，足以说明太极拳习练对气的重视程度。

第二类气是儒家倡导的"浩然之气"，是属精神内容方面的。这类气在太极拳理论中论述较少，往往被习练者忽略，但"浩然之气"正是太极拳习练者所必备的，须臾都不可遗弃的。练功不修"浩然之气"，功夫就无支撑，就丧失了灵魂，就偏离了太极拳修为的轨道。

"浩然之气"是太极拳习练者始终追求的目标，有了它才有太极大家的气度，才能以平和的态度处事，以从容的心境应变，大度容人。以正确方法练拳，没有"浩然之气"，不具备太极大家的气度，就会高傲自大，气量狭小，固步自封，目光短浅，急躁冒进，就不可能把太极拳练好。气度既是练拳人的品德，也是他的功夫，需要靠长年练功积累和平时的修养才能获得。太极拳练的是心，相由心生，心正相和，相和才有气度，才有太极大家的气质和胸襟。

《孟子·公孙丑上》中有这样一段话："告子曰：'不得于言，勿求于心；不得于心，勿求于气'。'不得于心，勿求于气'，可；'不得于言，勿求于心'，不可。夫志，气之帅也，气，体之充也。夫志至焉，气次焉，故曰：'持其志，无暴其气。'"这段话的意思是：没有掌握理论，不要盲目追求心法；没有心法不要随便运气。没有心法随便运气，可以；没有理论追求心法，不可以。意是气的统帅，气充满体内，所以，以意导气，要用意来制约气。《孟子》中说："敢问何谓浩然之气？曰：难言也。其为气也，至大至刚，以直养而无害，则塞于天地之间。"在太极拳产生前两千多年，孟子就对意和气的关系作了详尽的阐述，为后来太极拳的产生提供了理论基础。武禹襄的"以心行气""以气运身""气以直养而无害"，李亦畲的"气势散漫，便无储蓄""运气于己身，敷布彼劲之上，使不得动也"，乃至张三丰的"人之生机，全恃神气"，王宗岳的"虚领顶劲，气沉丹田"等所有太极先贤关于气的理论，无一不是受儒家思想的影响，以孔孟论述为依据而形成的。

三、上善若水

太极拳功夫崇尚"上善若水"，这正是儒家所倡导的品德和风格。孟子说："水信无分于东西，无分于上下乎？人性之善也，犹水之就下也。人无有不善，水无有不下。今夫水，搏而跃之，可使过颡；激而行之，可使在山。是岂水之性哉？其势则然也。人之可使为不善，其性亦犹是也。"太极功夫达到极致，便具备了水一样的变化。太极拳非常注重柔，以柔克刚，柔到如水的程度，方能变化自如，无刚而不克，无坚而不摧。柔的技击功能是克敌制胜，健身功能是顺畅人体各器官组织，使其返璞归真，延年益寿。"无形无象"是太极拳变化无常的显著特点。水无常形，太极拳练到如水之变化地步，便具备了超常的功夫。水可化气，上可升腾，下可潜伏；水能成冰，坚硬如钢；水可潺潺流淌，温顺无比，水可咆哮狂奔，凶悍异常。水的这些特性，都是太极拳所追求的。掤为八法之首，其他捋、挤、按等各法，都是派生出来的。掤属坎卦，正北方，五行属水。可见，太极功法也是以水为首要而形成的，练太极功夫以水为媒介。"初如立身于水中，随水波之推荡；稍进，则如善游者与水相忘，故走架时有足不履地、任意浮沉之概；又进，则步愈轻灵，若自忘其身，

直如行于水面，飘然为凌云之游也。"郝为真的这段话说得何等真切。学太极、练太极、实现太极都离不开水。水是学太极拳、练太极拳模仿的样板，是练功夫、长功夫的动力，是追求的目标。

儒家"上善若水"思想和道家一样，强调的是"善"。太极拳继承和发扬这一思想，虽是用于功，更是用于德。武德以善为根基，太极拳不争先、不争胜、舍己从人，无德者不授，非礼者不传等，都是"上善若水"的具体体现。水是清澈的，是纯净的。传统太极拳理论是纯粹的，技术体系是清晰的，内练的原则是层次分明的。水如拳、拳似水，拳注入水，拳更透彻；拳融于水，拳更柔韧。习拳人行的是拳，练的是功，得到的是水的纯净、习性和如意。

四、知己省身

儒家思想中的一项重要内容就是知己省身。知己是了解自己，省身是不断纠正自身的缺点、毛病，这对于做人处事是一种品德和风格，对于太极拳习练者是一种功夫和能力。

只有真正清醒地认识自己，才能获得事业的成功，而认识自己的确是一件很难的事情。"不识庐山真面目，只缘身在此山中"。就拿习练拳架来说吧，在行拳走架中，自己的动作好坏、姿势优劣，自己是看不到的，即使是对着镜子，也很难全面认清，这是纠正自己毛病的一大障碍。"人贵有自知之明"，就是要我们克服各种障碍了解自己、认识自己。既要知道自己的优势、自己的长处，更要知道自己的缺点、毛病，以利扬长避短，提高自己。认识自己的最好方法就是省身。曾子曰："吾日三省吾身，为人谋而不忠乎？与朋友交而不信乎？传而不习乎？"曾子每天都要想一想，替别人办事，有没有不尽全力的地方；和朋友交往，有没有不守

图23 野马分鬃 虚实分明

信用的时候；老师传授的学业有没有没温习的内容。儒家思想所倡导的这种"自省"精神，被太极拳习练者所接收，而且得到弘扬。王宗岳《太极拳论》中强调的"默识揣摩"，以及"内求本具"的习拳要领，都是让我们要眼睛向内，从知己开始。知人首先要知己，《太极拳论》中说的"人不知我，我独知人"的前提是知己，只有既知己又知人，才能"英雄所向无敌"。从大的方面说，首先要知道自己练拳水平达到什么程度，处于哪个阶段，下一步需向哪个方向努力。其次，要知道自己的优劣势、优缺点，以后坚持什么，修正什么。从小的方面说，与人交手要知道自己与对手的差距，自己应采取的应对措施，以及根据对手的劲路，自己如何发挥潜力。

儒家思想对太极拳文化贡献极大。除上述理论外，还有关于"知""觉"的诠释和说法；关于"权""中"的诠释和说法；关于"心""性"的诠释和说法等，都是太极理论的基石，这些思想与道家思想、释家思想共铸辉煌的太极拳。

第三节　释家思想

佛家思想的突出特点是修为，其目的是引人进入"空""无"状态，这与太极拳理论所说的"无极""虚""静"等是一致的。在中国，可能有人不知道释迦牟尼，但没人不知道观音菩萨。他大慈大悲、救苦救难，中国人不分穷富，不分男女，不分老幼，无不求助于他。他所代表的佛教大乘精神，即不离人间，要有大智慧，要有大慈悲，要在人间成佛，早已扎根于中国大地，早已成为中国人供奉的精神信仰。太极拳受其影响，从理论到实践无不凝结着佛教思想的结晶。

一、空

佛教思想的第一大特点就是"空"。达到了"空"，也就修到了最高境界。太极拳强调的"无极""虚净"以及"零"，是以另一角度论述"空"，做到了这些，太极拳功夫便达到了极致。

练太极拳的过程，从思维角度来分析，它就是一个"悟空"的过程。首先，要以佛教思想为基础，把整个宇宙视为"四大皆空"，所有的一切既是有，也是无。从客观上看为"有"，在主观上是"无"，也就是"无极"的本象。其次，练功过程中人的头脑完全是空的，无有丝毫的思念存在，净到了一切都不存在的地步。最后，外界的"无"和头脑中的"净"相结合，成为一致的"空"，相互影响，相互作用，这便有了"天人合一"的基础。习拳走架如没有这个基础，就没有进入境界，如同盖楼没有根基，拳就不可能练好。

"悟空"的前提是"悟"，也就是思维，通过思维消除执着，消灭人的"贪嗔痴慢疑"。不消除这些思念，人的善心和天性就会被搅乱，人的思想就会偏离"成佛"的正确方向。人生活在社会上，由于生活所迫、名利所累，世俗偏见，愚昧无知，思想上产生了各种杂念、贪欲、偏见、妄图等，这些不但是人们为人处事的"误区"，也是习练太极拳的障碍。很多人拳没练好，不是工夫下得不够，就是因为这些障碍影响了自己前进的步伐。因此，要通过"悟"把这些"障碍"清除，使自己的头脑是清净的、纯洁的。一张白纸，好写最新最美的文字，好画最新最美的图画。"虚领顶劲""精神能提得起，则无迟重之虞"，就是说要用正确的观念、饱满的精神，去充实、占领头脑这块"空地"。

　　无形无象也是"空"。太极拳的空是全方位的，不但脑子要空，身体也要空。"无形无象、全身透空"就是使自己有一种无我的感觉，这种空是松、轻、柔的极限。全身放松，轻盈、柔顺到了一定程度，便产生了空的感觉，松、轻、柔做得越好、越到位，空的感觉便越浓，一直到全身透空的感觉出现，松、轻、柔也便到家了。因此，要实现身体的"空"，须从放松开始，全身无处不松，在松的基础上逐渐达到轻柔。这样长年坚持，在脑空的同时，身体也渐渐感觉空了。

　　佛家的"空"是通过坐禅修出来的。太极拳的"空"是站桩、行拳、走架练出来的。在太极拳习练中，先心静，静极生动，起心动念，一招一势都保持虚领顶劲、气沉丹田、涵胸拔背、沉肩坠肘，让纯阳之气上升于头部。头部的阳气充足，然后供养灵根、灵性、灵觉。

二、定

　　佛家特别看重"定"，认为"凡事都有定数"。这个定可以理解为

事物发展规律和趋向；可以理解为安定、稳定、恒定；还可以理解为成事、成功。这些思想对太极拳的修炼是极为有用的。而太极先贤们正是把佛家的这些思想融入了太极拳，才成就了太极拳辉煌的历史和灿烂的今天。

佛教的禅定是"妙湛园寂，体用如如，五阴本空，六尘非有。不出不入，不定不乱。禅性无住，离住禅寂。禅性无生，离生禅想。心如虚空，亦无虚空之量"。定是一种客观存在，是任何力量都无法改变的事实，是事物发展的必然规律。禅是一种悟，悟通、悟懂这些规律，按规律行事。太极理论的定出自十三势的五步，即"进、退、顾、盼、定"，是五行中"金、木、水、火、土"中的土。在五行中，定是土，是居中的；在十三势中，定是稳的，是静的，其他"掤、捋、挤、按、採、挒、肘、靠、进、退、顾、盼"都是动的，动中求静，静中寓动。可见，定在十三势中是起统领、控制地位的，是驾驭其他各势的。练太极拳是从定开始的，而求的又是定，最后达到的还是定。"定而后动"就是要先安排好自己，使其定下来。"一步一桩"就是每一势都要定。"收势定心"即是达到最后的定。太极拳的全部动作都是在"定"的前提下开始的，没有稳定的身形、安定的心理，就不可能有顺畅的动作。王宗岳在《太极拳论》中说："立如秤准，活如车轮。""立如秤准"就是武禹襄说的"立身中正安舒，支撑八面"，都是强调定的作用。定在行拳走架或推手过招中有三条要求：一是"势定"，要不偏不倚，无过不及，不散不浮，进退自如；二是"中定"，意气不散，阴阳互济，进退依法，起降有方，劲势随处整合，身形无时不变；三是"心定"，要神聚意专，心宁气舒。思绪如绵绵细雨，下注于地；精神似蒸蒸腾气，上贯于天。

习练太极拳是按"定数"发展的，只要定下心来，经过一定的努力，定能达到预定的结果。

三、缘

佛教的大智慧突出体现在"缘"上，把"缘"看成是万事的起因，事物的规律和事物相互之间的联系。任何事情的发生，都不是无缘无故的，都是具备了一定的客观条件才发生的，这个客观条件就是"缘"。在这里"缘"是促成事物发生发展的客观因素。事物之间的联系，人与人之间的往来靠"缘分"。在这里，"缘"是连接事物以及沟通人与人之间关系的媒介。在佛教思想中，"缘"还表示有一种好的结果，在这里"缘"是行善的归宿。因此，有了"缘"，就找到了成事的条件，就实现了和谐的目标，就获得了追求完美的结果。"缘"是知与行、因与果、行动与目标的统一。

太极拳强调"明理"，用理论指导习练。"传我太极拳法，即须先明太极妙道"，要求习练者做到理论和实践高度统一，学习太极拳理和习练太极拳法完全一致。太极拳习练者有共同的认识，即对太极理论理解多深，太极拳就练得多好，对太极理论一知半解，是练不好太极拳的。这些都是佛家知行统一观的具体体现。

太极拳的好多拳理、拳法，既是习练的要求，也是习练的目标。如"天人合一"，它是太极拳习练者的最高目标，也是每次习练的具体要求。这种因与果的统一，使习练者既有努力的方向，又有实际的操作方法，把目标变成了习练的过程，把求"质"的变化变成了"量"的变化积累过程。对"松""静"的要求也是如此，初学者要松、静，练了十年、二十年，甚至更长时间的老拳师也要松、静。"松""静"是太极拳永无休止的习练方法，也是永无止境的追求目标。有了佛家"缘"的思想，就能深刻认识和理解太极拳的这些思想理念，它不是一成不变的样本，也不

是原地不动的模式，更不是死板教条的古董。它是一个不断变化的过程，是一个与时俱进的目标，是一个活灵活现的运动方式。谁掌握了这一运动方式，谁就能够在愉悦的生活过程中发展变化，就一定会在与时俱进中实现自己的愿望。让我们与太极拳结"缘"吧，它会使我们失去烦恼和负担，而得到的是终生的健康、快乐和幸福。

四、禅

禅宗说：人生有三个境界，即参禅之前，"见山是山，见水是水"；参禅的时候，"见山不是山，见水不是水"；参禅之后，"见山还是山，见水还是水"。这三个层面，最后一个是"无极"，和第一个层面看起来是一样的，它们共同构成了一个圆，是由"无极"始，又回归到"无极"。而后面的"无极"与前面的"无极"是不一样的，它们的本源一样，只是我们在认识它的过程中开悟了，感受有了变化。禅是开悟，是让我们的感觉更自然、更美好。太极拳也是一种开悟，它是开悟感觉的。人的幸福与痛苦，其实就是一种感觉。同样是吃饭，饥饿的人和已经饱了的人感觉是不一样的。同样弈棋，比赛和与朋友在一起消遣感觉也是不一样的；同样是跑，万米竞赛与晨练感觉也是不一样的。练太极拳到了"练气还神"阶段就是一种知觉运动，细细感觉自身阴阳变化，感觉这种变化给我们带来的愉悦，使人从"见山是山，见水是水"，经过"见山不是山，见水不是水"，进入"见山还是山，见水还是水"的更高境界。

太极是拳，太极也是一道禅。禅是人实现太极的另一种修炼方法，太极则是跳出佛门之外的一种参禅行为。拳是形，太极是质，入质了也就开悟了，就进入了禅的境界。太极拳是运用人自身的形体、精神来激发自己的灵悟，因而它更贴近禅的本质。练太极拳如果只练形，只能得到肌体的锻炼，这种练法可以使人四肢发达，腿脚灵便，技击能力提高。但这只是得到了太极拳的形，没能获得实质性的东西，不能成为真正的太极大家。懂得了参禅的道理，就会把太极文化的灵魂注入到拳中。太极文化内容极其广泛，最核心的是，集儒家的"正心"、道家的"静心"、佛家的"明心"为一体，在"心"上下工夫。先要做到"明心"，这是人的本心、慈悲心、平常心、虚空心，实现"明心见性"。然后修炼"静心"，实现虚静之心、自然之心，这个自然不是外界大自然，指的是本然，指的是人本来的样子。进而达到正心，经过至善、定、静，然后心安理得。

练拳容易修心难，要把心修好，十年不出门是不足为奇的。唐代有位大诗人，为了更好地修心，拜了一位高僧学"坐禅"。在高僧的耐心教诲下，他每天打坐练功，几年后，他的功力大长，心性也有很大的开悟。他很高兴，便写了一首诗派人给高僧送去，一是汇报自己持之以恒的精神，二是表达自己修炼的成果。诗的最后两句是"任凭八面风狂吹，平心稳坐莲花台"。高僧看了他的诗，不动声色地在后面批了两个字"放屁"，叫送书人把信带了回去。诗人看到批示后，勃然大怒，连夜赶到高僧住处询问："为何如此无礼？"高僧见他怒气未消，便说了一句话："八风吹不动，一屁唤君来。"诗人听后恍然大悟，原来自己的"修性"还差得很远，随后立即辞别高僧，回家后继续"修炼"。满腹诗文、性情高雅的一代大儒，修心尚且如此艰难，何况我等凡夫俗子。每个太极拳习练者都应静下心来，长年修炼，使自己真正进入太极拳的境界。

五、修

"修"是道、儒、释三教共同推崇的练功方式。道家讲修身，儒家讲修为，释家讲修心。三家方式虽有区别，内容是一致的，都是为了养性，

为了终成"正果"。太极拳是一种既练又修的拳术，"性命双修"是其一贯坚持的习练方法，这是三教所推崇的"修"在太极拳中的体现和运用。太极拳发展到今天有三大作用，第一是技击作用，第二是健身作用，第三是传承中国的传统文化作用。其目的是服务于社会，造福于人民。这些作用单靠"练"是不行的，必须经过"修"才能实现。"练"是一种形体行为，"修"是一种意识行为，肢体主要靠练，心理主要靠修，外靠练，内靠修，通过修来磨练心性，培养气度，锻炼意志。

"修"是靠心来完成的，太极拳不是随随便便进行训练的，而是要用心意来指导、领会每一个动作。《拳论》强调的"心为令"就是要求以心为指导，不能有丝毫的偏离。在心的统领下肢体运动得到规范，同时心也得以修养。

心性的提高、气度的升华、意志的磨练离不开文化素质。太极拳是文化、武术、养生融为一体的学问，要真正练好太极拳，提高文化素质是必不可少的一门功夫。修就是学，就是提高文化水平。凡喜欢太极拳并终生习练的人，就应永远当小学生，努力学习，不断进取，认真钻研中国传统文化的各门知识，成为一个兴趣广泛、知识渊博的人。没有文化的人是修不成太极正果的。

第九章
明了三大课题

练太极拳不知阴阳；练行意拳不晓五行，即金、木、水、火、土；练八卦掌不懂八卦，即乾、坎、艮、震、巽、离、坤、兑，在武术界这类情况是屡见不鲜的。其结果是练了一个糊涂拳，虽然不至于越练越糊涂，也只能是练到一定阶段便止步不前了。太极拳又名十三势，它是集阴阳、五行、八卦于一身的拳术，要想不断进步，不断提高，就必须对以上这三大课题进行透彻的分析和研究。

图24　豹虎归山　腰为主宰

第一节　阴、阳

　　有关阴阳，《太极拳论》论述较多："太极者，无极而生，动静之机，阴阳之母也。""每见数年纯功不能运化者，率皆自为人制，双重之病未悟耳！欲避此病，须知阴阳。""阴不离阳，阳不离阴，阴阳相济，方为懂劲。"王宗岳的这篇文章对太极拳理进行概括，都归结为阴阳。太极拳的所有变化，都可用阴阳来解释。那么，阴阳是哪儿来的，是谁发现的？《易经·系辞传》有关阴阳的论述："是故，易有太极，是生两仪，两仪生四象，四象生八卦，八卦定吉凶，吉凶定大业。"两仪即阴阳。它是伏羲想出来的。伏羲是个非常爱动脑筋的人，经过长期的观察和琢磨，脑海中产生了两种互动的力量和两个完全不同的现象，一反一正，一上一下，循环往复，周而复始，他把这种互动的现象归结为阴阳。他认为有阴就有阳，有阳就有阴。那时还没有阴阳这两个词，只是有了这种对立统一的思想。

　　阴阳两字是孔子加进来的。他说："易有太极，是生两仪。""一阴一阳之谓道。"阴阳就这样产生了。伏羲的这一思想很重要，它是中国数千年传统哲学思想的基础。伦理从哪里来？从历史来，从自然来。自然那么有秩序，是谁来管？如果伏羲当年想是神来操纵，那么中国可能就成了宗教的国家。但他没有这么想，也没有这么表示，他用阴阳来表示天地的运转、事物的变化。他认为阴阳互动是自然孕育，是两种不同的力相互作用，自然就产生了万物。伏羲是个无神论者，是后来有人把阴阳加入了鬼神等迷信的色彩。

　　七千年前伏羲的思想，是太极理论的萌芽，后经周文王、孔子、刘牧、周敦颐等历代思想家的挖掘、研究，使太极思想不断发展。《易经》的问世，各种太极图的出现，以及先天八卦、后天八卦演示的成功，完善和发展了阴阳理论。

阴阳是人们对宇宙的认识，是一种哲学思想，它揭示了宇宙间一切事物的对立统一规律。《易经》认为：阴阳是太极生发出来的，阴中有阳、阳中有阴，阴极成阳，阳极成阴，彼此之间互动合一，密不可分。认识和掌握阴阳应从以下几个方面入手：一是，阴阳是一个事物的两个方面，它既不是两个事物，也不是一物各半，这两个方面，一方消失了，另一方也就不存在了。如天地是宇宙的两个方面，黑天、白天是地球的两个方面，性和命是人的两个方面等。如果其中一方没有了，另一方也不存在了。《太极拳论》中的"阴不离阳，阳不离阴"就是这个意思。二是，阴阳是对立统一的，它们之间互相排斥，但又互相依赖，谁都不能离开谁。天离不了地，地也离不了天。既对立又统一是指事物两方面的异同性，也就是既一致，又相反，是统一体中的矛盾性。三是，阴阳相互转化。在一定条件下阴可以转化为阳，阳也可以转化为阴。物极则反，动极则静，静极则动。这种转化是同时进行的。

太极理论给我们的"一内含二"的思维，就是一分为二的辩证思想。它的"二生三，三生四……"的思维就是生生不息，告诉我们事物的发展变化永无休止，事物的两种属性无处不在。这就给了我们正确认识事物的方法，给了我们合理对待一切、妥善处理问题、正确解决矛盾的一把万能钥匙。《易经》里有这样一句话："自天佑之，吉无不利。"它的意思是我们要自己去了解天理，顺从自然，就会得到吉利，就不会有灾害降临在我们身上。这就说明，我们要重人、重自己，不能把自己的兴衰祸福寄托在他人身上。其实"易经"就是把自然规律转移到人事方面的理论。

《易经》《太极图》《太极图说》中的阴阳理论孕育了太极拳，发展了太极拳，自始至终是太极拳的理论基础，习练指南。

一、阴阳思想确立了太极拳的世界观

太极拳从它诞生之日起，就面临对世界、对自然、对社会以及对人自身总的、根本的看法问题。这是太极拳的一个核心问题，是太极拳全部理论的基础，是认识和解决其他一切问题的前提。阴阳思想告诉我们，"无极而太极""天地是大太极""人身是小太极""天人合一"，这就构成了太极拳的世界观。王宗岳运用这一哲理，在《太极拳论》中开宗明义地说："太极者，无极而生，动静之机，阴阳之母也。"指出了在太极之前有无极，太极是由无极而生的，而太极又是阴阳的母体，无太极则无动静，无动静则无阴阳。以阴阳思想确立的太极世界观建立了太极拳的全部理论、心法、技法体系，既是拳术经典，又是哲学精品。

有了这样的世界观，太极拳便有了"顺其自然"的总体习练法则。练拳合于外界寒暑变化，昼夜交替规律；合于人体生理和心理变化规律。不强为、不做作、心要静、气要顺、体要安、"以心行气、务令沉着""以气运身，务令顺随"，"无过不及，随曲就伸"，一切都是自然的，都是合乎规律的。

有了这样的世界观，太极拳便有了性命双修的练功方法。人的精神、神志、心理活动和人的形体、气血、内脏器官是个统一的整体，是阴阳不可或缺的两个方面。性命双修就是两者并重、身心兼备，通过形体的锻炼，达到生命各要素的全面养护。在大脑的支配下，身体各器官得以激活，使性、命得到全面锻炼。

有了这样的世界观，太极拳便有了眼睛向内、"内求本具"的练拳重点。阴阳是一对矛盾，阴是矛盾的主要方面，人身内为阴，外为阳，内求就是修内，这就抓住了主流，抓住了实质。"内求本具"就是人的思维意识要向内求神意气之功，使之得到合理的发挥，产生本来具有的效应。由于是太极拳，其世界观决定它的功夫、它的成效、它的作用主要通过"内求本具"来获得。

二、阴阳思想使两元论成为太极拳的精髓

"太极拳就是一阴一阳两个势子，一通百通。"杨禹廷大师的这句话告诉我们，两元论是太极拳的精髓。人的身体是阴阳之体，每个局部也是阴阳混合，每个动作是阴阳运转，屈伸、上下、左顾、右盼等所有动作都是由阴阳组成。有阴必有阳，阴阳相济是太极拳最基本的要求。

两元论就是在知道事物的一面之后，还得知道事物的另一面。在太极拳中，隐、虚、无、松、柔、静是阴的一面，它的另一面是显、实、有、紧、刚、动，是阳的一面，这样便有了隐显、虚实、无有、松紧、柔刚、静动等阴阳组合。这些阴阳组合比较直观，很容易找到。有些阴阳组合看得不是那么清楚，识别较困难。如虚领、习练、修身、透空等这些，就不那么直观，不能用它们的反义词去找它们的另一面，需弄懂它的真正含义，从中去捕捉与其相对应的阴阳关系。"习练"的含义是动身，是实际操作，是提高身体素质，它的另一面是提高理论素质。从这个意义上分析，那么"习练"对应的阴阳关系应该是"学理"。理论和实践都不可偏废。有些拳友只闷头练，忽略了学理，这和没处理好动静、虚实关系一样，也是没处理好阴阳关系，也是一种阴阳失衡。识阴阳看起来似乎很容

易，其实是一个十分复杂的问题。而这个问题对于太极拳习练者又是十分重要的，所谓不懂阴阳就不会太极拳，就是强调这一点。王宗岳《太极拳论》特别指出"须知阴阳"。故此，每个练太极拳的人一定要在这方面下大功夫。

两元论要求必须弄清阴阳两元的关系。"阴不离阳，阳不离阴，阴阳相济，方为懂劲"。什么是"阴阳相济"，怎样做到"阴阳相济"，历来是困扰人们的一个不可回避的问题。有人认为"阴阳相济"就是一半阴、一半阳；此时阴、彼时阳；这处阴、那处阳；这个部位阴、那个部位阳，甚至理解为左阴时右阳、上阴时下阳。有的名家尚且认为"惟有五阴并五阳，阴阳无偏称妙手"，可见一般练太极拳的人有上述理解也不足为怪。由于有了这样的理解，于是把太极拳的势子练得支离破碎，完全背离了阴不离阳、阳不离阴的宗旨。"阴阳相济"，首先要把阴阳看为一体，任何时候都不能分。它在空间上不能分存，在时间上不能继起，它的作用是同时共同发挥出来的。其次，它是一个动态过程，在动中同时显现它们的变化。如在习练过程中，每个动作、肢体的每一个部位，同时存在着阴阳，只是一个显，一个隐，也就是一个在明处，一个在暗处。就像地球同时都有白天黑夜，只是分别在地球的两半一样。最后，阴阳互变。济者渡也，就是彼此渡到对方那边，这个变是相互的，而且速度是一致的。当阴向阳转变时，阳也在向阴转变，阴完全转变为阳，阳也完全转变成阴了。

三、阴阳思想为"生生不息"奠定了基础

道家认为，一生二，二就是阴阳。太极动而生阳，静而生阴。二生三，三就是五行。阴含阳变而生木、火、土、金、水。三生万物，五行生

万物。万物皆历经生、成、衰、亡。五气顺布，四时行，八卦成，乾坤定。生生不息是永恒的规律，不变的真理。

图25　玉女穿梭　以气运身

第九章　明了三大课题

生生不息孕育万物。世界一切生命体都按着生生不息的规律，历经生、长、壮、老、亡的发展过程，产生新的一代，再经历这个过程，循环往复，无穷无尽。这种循环是发展变化的，每经一次反复便有新的事物出现，从而推动生命不断向新的更高的层次演化。

世界万物按生生不息的规律发展变化，春去秋来，寒暑易节，昼夜更替，永无休止，任何力量都无法阻止，顺之者昌，逆之者亡。

生生不息在太极拳中的表现与运用十分突出和明显。太极拳"行云流水""连绵不断"的运动特点，特别适合人体各器官的生理规律。行拳的过程，就是激活人体细胞生生不息的运化过程。太极拳松、静、慢、柔，

一切顺其自然，就是生生不息的发展变化过程。这种生生不息，同世间万物生生不息的变化相互联系，相互影响。它们越趋于一致，人与自然就贴得越近，人就会越能获得更多的正能量。万物的生生不息，带来的是世间的茂盛。人体运动的生生不息，带来的是健康和安泰。

第二节　五行

五行即金、木、水、火、土。以五行观念来解释物质的存在形式，来说明事物的发展变化规律，是中国古典哲学思想的核心。先秦著作《尚书·洪范》中较早阐释了五行的基本内涵："水曰润下，火曰炎上，木曰曲直，金曰从革，土爰稼穑。"中国古典哲学思想认为，世界上所有物质，都是这五种基本元素演化而生；世界所有事物的变化，都由这五种元素的变化规律所决定。五行"为天地之道也，万物之纲纪，变化之父母，生杀之本始"，五行连万物。五行之间具有相生、相克的关系，具有五行属性的万物之间也存在这种生克矛盾。五行的平衡达到世间万物的平衡。

五行的生克关系具体为：金克木、木克土、土克水、水克火、火克金；金生水、水生木、木生火、火生土、土生金。这种生克关系，不能简单地理解为物质之间的互生互灭，因为金、木、水、火、土不能简单地认为是五种物质，它有物质元素的属性，它是五种气息，五种自然现象，五种相互联系的变化规律。

五行学说由来已久，具体产生于什么时期尚无定论。《国语·郑语》《国语·周语》曰"先王以土与金、木、水、火杂以成万物"，其哲学思想已有了五行的论述。战国末期邹衍对五行予以推演，把精气、阴阳和五行学说融合为一体，创造了阴阳五行学说，使五行理论更加趋于完善。后来哲学家、史学家班固对五行生克又作了详尽的解释，他在《白虎通义》中曰："木生火者，木性温暖，火伏其中，钻灼而出，故木生火。火生土者，火热故能焚木，木焚而灰，灰即土也，故火生土。土生金者，金居石，依山津润而生，聚土成山，山必生石，故土生金。金生水者，少阴之气，温润流泽，销金亦为水，所以山云而从润，故金生水。水生木者，固水润而能生，故水生木。"经过历代思想家们的推演，五行理论得到不断的完善和发展，并运用到了各个领域。

五行与人体有着天缘的联系。人有五体、五官、五脏、五指、五津、五志等。通过五行，不仅把五脏、五官等器官互相联系，也把它们内部之间相互联系起来，同时，还同自然界的五色、五气、五味等事物有机地联系起来。这对于研究人体的整体性、人与自然的一致性，治病祛病、强身健体有极其重要的作用。国粹中医就是在五行理论基础上建立起来的，它运用五行平衡原理确立了五脏同源的治病方略。在《黄帝内经》中有这样一段论述："气有余，则制己所胜，而侮所不胜。其不足，则己所不胜侮而乘之，己所胜轻而侮之。"意思是说，金本克木，然木气有余反侮金气；木本克土，然土气有余反侮木气；土本克水，然水气有余反侮土气；水本克火，然火气有余反侮水气；火本克金，然金气有余反侮火气。可见相生相克是相对的，是在一定的条件下相互转化的，关键还是阴阳平衡。心为火，肾为水，心在上，肾在下。心气须下行，肾气上行，相交于丹田，使心肾相交，产生一种气，便是元气，从而使人生命旺盛。如心气不能入肾而入其他脏器，则人便要生病。中医依照这一五行平衡理论，用药物"泄火"，给人治病。太极拳也依照这一原理，用意念沉气，实现气沉丹田，实现心肾交，达到人的身心健康。

133

五行生克关系图

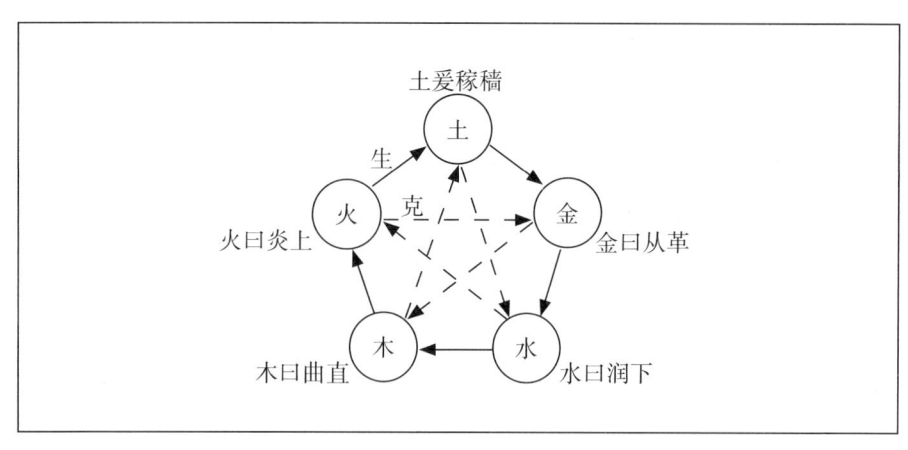

⟶ 实线相生
--→ 虚线相克

五行对照表

五行	五方	五色	五气	五味	五脏	五腑	五官	五津	五志
木	东	青	风	酸	肝	胆	眼	泪	怒
火	南	赤	暑	苦	心	小肠	舌	汗	喜
土	中	黄	湿	辛	脾	胃	唇	涎	思
金	西	白	燥	甘	肺	大肠	鼻	涕	悲忧
水	北	黑	寒	咸	肾	膀胱	耳	唾	恐

太极拳的全部理论体系和运动规则是建立在阴阳和五行理论基础上的，它的所有运动形式和行拳要领几乎都是阴阳、五行的演示和应用：

1. 五行理论确立了太极拳的行拳方位

张三丰《太极拳遗论》指出："前进、后退、左顾、右盼、中定，即金、木、水、火、土也，此五行也。"这一理论确立了太极拳的五个基本步法及其作用。因行拳时是面南背北的，进、退、顾、盼、定的方位即是南、北、东、西、中。进是向南，为火，属祖窍穴，意守祖窍穴，可使心静并能以气推促身体南进；退是向北，为水，属会阴穴，退步时意守会阴，可使肾固并以气促使身体退步；顾是向东，为木，属夹脊穴，向左时意守夹脊穴，可使肝和并能以气推动身体左转；盼是向西，为金，属膻中穴，向右转换时，意守膻中穴，以意引气，可使肺清并促使身体右转；定，是中定，即中正，不偏不倚，属中丹田穴，站立不动"静如山岳"，意守丹田，内动而外静，促使气贯四梢，形体稳固。行拳或是与人交手如能始终按此方位操作，步伐不乱，心静身稳，不仅可稳操胜券，而且心肝脾肺肾可得到全面锻练。

2. 五行理论找到了五脏同源的健身方法

五行与五脏有天然的必然联系，肺为金，肝为木，肾为水，心为火，脾为土。金、木、水、火、土为一整体，它们相互联系，相互影响，相生相克，这些决定了肺肝肾心脾五脏同根同源，相互作用，相互影响。中医治病采用五脏同医的办法治本，方能除掉病根，使病人彻底康复。太极拳修炼也是采取五脏同修的方法，达到整体健康的目的。太极拳的"身法八要"，就是对人身体各个部位严格要求的习拳规则。按这一规则习拳，不仅可使外形动作协调一致，而且可使内脏各器官得到全面锻炼。太极拳根据五行生克原理，用意导气，使心气入肾、肝气入脾等，这样五气各有所归，各得其所，保持五气平衡，达到五脏互养的目的。五脏同根同源，并不是五脏同等，太极拳根据五行原理，依照五脏的不同作用，提出了"先在心，后在身""心为令、气为旗""心若不能安，性即扰之；气不外聚，神必乱之"等一系列修心、练心的行拳要求，把练心作为太极拳的第一要务。这是五行理论在太极拳中的成功运用，凡按此要求长年习练者，

均能收到最佳的健身效果。

3. 五行理论为内修五志奠定了基础

"性命双修"是太极拳的独到特点。修五志是修性的重要内容。五志即怒、喜、思、忧、恐，它和五脏即肝、心、脾、肺、肾及五行即木、火、土、金、水是一一对应的。它们之间相互联系，相互影响，怒则伤肝，喜过则伤心，思久则伤脾，忧愁则伤肺，恐惧则伤肾。通过练太极拳顺控五气，调节情绪，使喜怒哀乐得到控制，保持良好的心态，从而顺应五行，达到健康的目的。太极拳"功法八要"的每一要领都能起到顺调"五志"的作用。"松"要求不仅身体要松，还要做到内部各脏器放松，尤其是思想放松，这样便放下了各种包袱，各种忧虑也就随之减轻或荡然无存了。"沉"虽然讲的是气下沉，但也含有心绪沉着、稳重之意，这能使人更加无恐无惧；怒是心里烦躁的一种表现，大多数是因性急引起的，"慢""匀"的练功方法，可使习拳者逐步养成不急不躁的习惯，这对于止"怒"极有好处。"思"不是指思考，而是说思虑过多，思绪不能放下，使心静不下来，长此以往，伤害脾胃。练拳长时间保持"轻""柔"，可以使心里轻松，便于入静；"喜"是可以使人振奋的，但乐极生悲，喜过伤肝，功法八要特别强调"整""圆"的练功方法，圆即是无过无不及，也就是掌控好"度"，这样可以使人任何时候都不大喜大悲。

"性命双修"就是运用这些功法，既练外，又练内；既修命，又修性。使五志得到合理的调整，始终保持健康的心态。

4. 五行理论得以正确认识和抵御五气

五气即风、暑、湿、燥、寒，是五种自然现象，对人来说是外因，但它与人的身体健康息息相关。运用五行原理，抵御五气对人体的伤害，是太极拳习练的一项重要原则和目的。火能克寒，水能去暑，木能避风，金能防湿，土能清燥，五行生克是处理好五气的最好办法。五行在太极拳步法中为五步，进性属火，退性属水，盼性属金，顾性属木，定性属土。"进得定而息，退得定而止，盼得定而生，顾得定而旺。本进克退，然若进弱而退强，则退反克进。进过旺，退过弱，以旺进凌弱退，反于进则不利矣"。在太极拳的习练中，掌握五步，处理好进退与定的关系，就能平衡"五气"，使其不能伤害人的肌体。

5. 五行理论培育太极五为

五行理论运用于太极拳，不仅是对人生理的规范，也是对心性道德的规范。少了这种规范，没有心性素养的提高，不但拳练不好，生理也会受到伤害。孔子的"仁、义、礼、智、信"是儒家运用五行理论提出的"五常"思想。五行理论在太极拳习练者心性道德方面表现是要有"诚、毅、谦、悟、行"五为。

诚。要有诚心、诚意，这是学拳、练拳的首要条件，没有诚心是入不了太极之门的。诚的具体要求是：对师父要忠诚，不能三心二意，更不能口是心非；对拳要虔诚，不能朝秦暮楚，更不能投机取巧。要诚心诚意地学，诚心诚意地练。

毅。要有毅力，有恒心。学练太极拳是个慢功夫，必须有长年乃至终生习练的打算。那种"时间久了就不耐烦，遇到挫折就打退堂鼓"的思想是要不得的，要树立不达目的决不罢休的决心。

谦。要谦虚，要有虚心好学的精神，任何时候都不能自满，更不能骄傲。太极功夫是无尽无休的，任何人都不能穷尽，任何时候都不能登峰

造极，只有始终保持谦虚的态度、永不满足的态度，才能在太极路上永不止步。

悟。悟是一种行为，也是一种品德。性情豁达、志向高远的人善悟，并能悟出真本领，太极拳的好多真知就是悟出来的。"由招熟而渐悟懂劲"，王宗岳就是强调悟。只有悟才能通过现象看到本质，才能破象入内，才能逐步接近太极内核。

行。就是练，实际操作，不练就不能得到太极拳的起码知识。尤其是初学阶段，要把练放在首位。练是学拳人都明白的，关键是会练、练好。练要得法，要守规矩，要练出自己的特色。

太极五为是五行思想在太极拳中的运用和体现，和五行一样，它是一个整体，是相互联系、相互影响的。它虽然不是练拳的具体方法，却是练好拳必不可少的要旨，缺了它，再好的方法都无济于事。如果把方法和五为作为一个整体事物，那么方法属阳，五为便是阴，阴不离阳，阳不离阴，把两者同时作用于太极拳，才是得法的习练者。

五行和阴阳一样，是太极拳的基础，没有五行太极拳就暗淡无光。五行在太极拳中的运用最广泛、最直接。武式太极拳第四代传人、素有"东北三杰"之称的闫志高大师，按五行授以太极拳打手散发的五字音，即哼、哈、噫、呵、咳，使习练者通过这五字音把内外连为一体，既练外，又练内，收到了极佳的效果。

第三节　八卦

八卦是中国古典哲学思想的重要内容。是以"周易"为核心，融入了儒家、道家、佛学等部分思想理论而形成的具有东方文化色彩的思想理论体系。几千年来，八卦思想在中国社会政治生活、精神生活等方面一直影响和制约着人们的观念和行为。一年四季的轮回转化、各种自然灾害的发生和消退、人生荣辱兴衰、仕途变迁及生老病死、吉凶祸福等，都用八卦来预测和解释。

八卦最早是伏羲创造使用的。在汉字产生之前，伏羲就用八种符号表示八种自然事物。它们是：

地	山	水	风	雷	火	泽	天
☷	☶	☵	☴	☳	☲	☱	☰

他又把这八种符号按一定方位组合成一个图，这便是先天八卦图：

这种没有文字的八卦图被称为无字天书。后来周文王给加了文字，并给这些符号起了名，叫卦，因有八种，所以叫八卦。天、地、水、火、雷、风、山、泽八种自然现象，一一对应为乾、坤、坎、离、震、巽、艮、兑，并对其方位做了相应的调整，从而产生了后天八卦图。

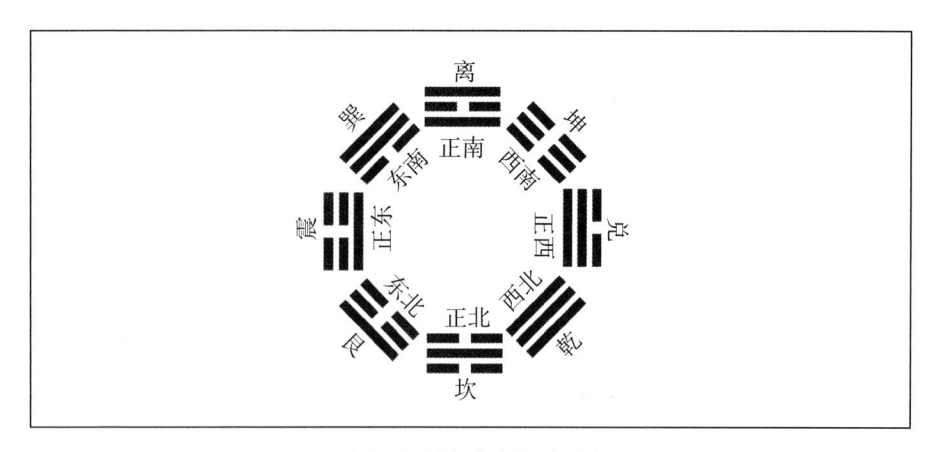

后天八卦图（从内往外看）

  周文王又把这八种卦象两两组合，从而产生了六十四卦，在此基础上创写了《周易》。

  伏羲的先天八卦和周文王的后天八卦，尽管形成时代和社会背景不同，认识事物的方法和角度不同，但他们都把复杂的宇宙现象用八种符号表达了出来。从它们之间相互依存、相互消长、相互转化来分析和判断宇宙万物的变化规律，进而分析社会政治、经济、精神、军事等各种自然和社会现象，指导人们去适应社会生活的各个方面。八卦理论一直得到推崇，被应用于各个领域，是因为它具有以下特点：1. 八卦和太极的阴阳是紧密联系的，它源于无极，由阴阳而生，可以推衍至无限。2. 各卦之间相互联系、相互作用，并能转换。3. 它涵盖了宇宙万物，任何事物均可以此分类。4. 有空间方位，可以推衍事物的位置和事物之间的空间角度与距离。5. 与人关系密切，八卦与人体相对应。八种自然现象对人的影响作用描述得清楚。6. 突出一个"变"字，灵活机动而且变化有规律可循。八卦，你看它东西很少，可变化很多；你看它很简单，可变化起来却又很复杂；你看它只有几个数，可变化却是千千万万，无尽无休，任何东西都可在八卦中找到。八卦告诉我们，天地是定位的，人不能将其颠倒；人是变化的，不能永守常规，核心就是求变、求新、求发展。

太极拳的产生和发展与八卦理论息息相关。太极创始人张三丰的《祖师遗论》中这样写道："太极拳，一名长拳，又名十三势。长拳者，如长江大海滔滔不绝也。十三势者，掤、捋、挤、按、採、挒、肘、靠，此八卦也。前进、后退、左顾、右盼、中定，此五行也。掤捋挤按，即坎离震兑，四正方也。採挒肘靠，即乾坤艮巽，四斜角也。前进、后退、左顾、右盼、中定，即金木水火土也，此五行也。合而言之，曰十三势也。"这一论述表明，太极拳开创伊始，就是以八卦理论为基础确定行拳方位、确定八种劲法，而且以此而得名的。武式太极拳创始人武禹襄《十三势用功心解》中指出："发劲须沉着松静，专注一方。立身须中正安舒，支撑八面。""立如秤准，活如车论，支撑八面，所向无敌。"从而更加详尽具体地阐述了八卦理论运用于太极拳的方法及其作用。吴式太极名家杨禹廷，根据八卦原理提出了八方线的数学方法和理论，把八卦和数学结合起来，运用于太极拳中，使八卦理论在太极拳中的运用更清晰、更直观、更便于理解和操作了。张三丰曰："传我太极拳法，即须先明太极妙道。若不明此，非我徒也。"多少年来，凡是高明的拳师授徒都是把传理和教拳同时进行的。一方面教每招每势，另一方面讲阴阳、五行、八卦理论，使学者能在拳势和拳理上同时得以收获和提高。明智的学拳者，也是既学练又学理，知其然，也知其所以然。因此，明了八卦理论在太极拳中的运用，不管教还是学都是十分必要的。

太极内功的修炼，是以后天八卦返回先天八卦为依据的，是道家上乘气功传统的修炼方法。即将坎（下丹田）中的真阳抽出，填入离（上丹田）中，神气下行入下丹田，亦即将离中之阴归还于坎，则坎离返还乾坤。其余六卦也是如此，依次变回先天八卦图的位置。而内气修炼到一定程度，则可抽离填坎，使先天八卦返回后天八卦，此谓逆行。这种内功，

没有几十年的功夫，没有专门明师的指导是练不出来的，作为业余拳师不必苛求，只要知道其理就行了。

后天八卦配属太极拳八方、八劲及人身窍穴、脏腑等部位，应是太极拳习练者必须明白、掌握并会应用的。

后天八卦配属太极拳八方、窍穴、脏腑、经络表

八卦	坎	离	震	兑	乾	坤	艮	巽
八方	北	南	东	西	西北	西南	东北	东南
八劲	掤	捋	挤	按	採	挒	肘	靠
窍位	会阴	祖窍	夹脊	膻中	性宫肺俞	丹田	肩井	玉枕
脏腑	肾	心	肝	肺	大肠	脾	胃	胆
五行	水	火	木	金	金	土	土	木

具体道理和操作方法，当代著名拳师、武式太极拳第五代传人刘常春所著《武派太极拳》一书，阐述得较为详细，在此加以引用：

"掤：属坎卦，正北方，五行属水，窍位为会阴，在脏腑属肾位。拳姿：手臂在胸前，由下斜向上方为掤，单手或双手皆可用掤，在'不丢不顶，彼有力我亦有力，我力在先，彼无力我亦无力，我意在先'的基础上，向上掤（托）起对方之劲，将对方全身掤起，使其四体不能自主而失去平衡，我即乘隙发放之。练拳时，以意引气，由下丹田引发，随手之上掤而上行（中气贯顶）至上丹田。道家称之为'抽坎填离'达到心肾相交，亦即水火相济。

"捋，属离卦，正南方，五行属火，窍位为祖窍，脏腑属心经。拳姿：手臂前伸而后向回'捋'（拉带为捋），打手时，先问（听）对方之劲的来势与来向。问劲要准确无误，当对方向我打来之际，我则顺其来劲

的方向，向后下方走化之为'捋'，一般常用单手捋和双手大捋。练拳时，目平视前方，为意守祖窍，以身带动四肢，转动身躯时有自然捋势寓于其中，非手臂乱舞动。在内可调整心经所属之脏腑功能。

"挤：属震卦，正东方，五行属木，窍位为夹脊，脏腑属肝经。拳姿：分为拳挤和掌挤。拳挤，向前出拳含有挤劲；掌挤，单掌手心向前推出为单掌挤，右手臂在前掌心向内，或左手臂在后掌心向外推出为阴阳掌挤，双手平行手心向外推出为双掌挤。练拳时，意在夹脊'力由脊发'，即意气由夹脊而发，在内可调整肝经所属脏腑功能。

"按：属兑卦，正西方，五行属金，窍位为膻中，脏腑属肺经。拳姿：挤与按在某种拳势中不能截然分开，按中寓挤，挤中有按，我认为手心向前为挤，手心向下者为按。练拳时意在膻中，向前发手或向下按，都须要气向下沉，促进肺经之气补肾经之气，以壮肾气，为金生水。总之要以意引气，做到内三合，才能达到意到气亦到的境界。

"採：属乾卦，西北方，五行属金，窍位是性宫、肺俞两处，脏腑属大肠经。拳姿：以手向左右、前后、上下採，採不是扣环抓死把，而是轻松地採（抓）住对方击出来的腕、肘、肩、膝等骨关节部位，以制服对方从多方面击来之劲，以採而走化解之则为採。练拳时，意在性宫，随着拳架的演变，以意引气，将气引向肺俞，尔后再松沉直下至涌泉，意想脚心要空，为意在涌泉。可调整大肠经以补肾经，为金生水。

"挒：属坤卦，西南方，五行属土，窍位为丹田，脏腑属脾。拳姿：如同挤按一样不能截然分开，同样也是挒中有採，採中有挒。挒有手挒、臂挒、肩挒。梢节为手挒，中节为臂（肘）挒，根节为肩挒。练拳时，意守丹田，以意引气，由丹田经两肋而上至性宫，可补肺金之气，为土生金。

"肘：属艮卦，东北方，五行属土，窍位为肩井，脏腑属胃经。拳

姿：双臂弯曲肘下沉或双肘外撑，形成双臂弯曲似弓，而肘的应用自然蓄于其中，正如所谓'蓄劲如弯弓，发劲似放箭'，太极手不如太极肘。以肘向左右、前后顶靠为技击手段而走化对方之来劲为肘靠。练拳时，以心行气，气沉丹田，应用时再由丹田向下沉至涌泉，尔后内气由脚而腿而腰而脊直至'尾闾中正气贯顶'随即发放。可调整胃经的功能，并使心经之火下降。

"靠：属巽卦，东南方，五行属木，窍位为玉枕，脏腑属胆经。拳姿：以肘、肩、背、胯、膝等部位而走化对方为取胜之手段的技巧为靠。练拳时，以意引气，气由丹田下沉至涌泉，尔后由涌泉向上'由脚而腿而腰'直至达到靠的部位发出。内可调整肝胆经的功能。

"太极拳的八劲'八法'在练拳中，每一动十三势俱备，而生克制化亦俱融其中，若以某一招势的某一点来解析'八劲'是不妥当的。愿学者自悟。"

图26　进步指裆捶　立身中正

阴阳、五行、八卦是个完整的理论体系，它们的理论基础是一致的，它们的应用是完整统一的。只讲阴阳，不讲五行、八卦，阴阳就失去了演化空间，也就失去了其价值。反之，五行、八卦离开了阴阳也就失去了根基。太极本身就含有五行、八卦。

第四节　指导意义

五行、八卦理论是否对太极拳习练有实际指导意义，在当今太极拳界还存在着不同的认识。一些太极拳理论家认为，太极拳合于易理，是自然造化的产物，因此十三势和八卦、五行有着密切的联系；也有人认为，太极十三势和五行、八卦是一种巧合，练拳的人未必懂得易经八卦，而懂得易经八卦的人未必是太极拳家，太极拳和易经是两种不同的学问；还有人认为，把太极十三势和五行、八卦联系在一起是夸大其词、牵强附会、故弄玄虚。

那么，太极拳与五行、八卦到底是什么关系，它们之间有无必然联系，练太极拳需不需要以此理论为指导？要明了这些须弄清以下两个问题：

第一，五行、八卦理论是中国传统文化，现代人学传统文化有一定的难度，用传统文化说明和解释事物，现代人看来往往有一点玄妙、神秘的感觉。如果伏羲时代有了文字，他也不会用横线来表示阴阳，先天八卦图也不会是无字天书。正是用了现代人不曾用的方法，才使现代人感到玄妙神奇，似乎有些迷信。因此用五行、八卦来阐述太极拳，则使太极拳理论蒙上了一层神秘的色彩。用现代哲学解释，阴阳就是矛盾，八卦就是八个方位和八种事物的关系，五行就是五种物态元素。用现代科学完全可以

对太极拳原理表述清楚。可惜古人没有现代人聪明，当时的语言词汇也没有现代发达。古人用了一些现代人不易理解的语言文字来描述和规范太极拳，这样便使得文化层次较低的人误认为五行、八卦理论对太极拳习练是天方夜谭。其实，只要太极拳练对了，内里就有五行、八卦的内容，就是不晓得五行八卦理论，或用其他方法解释，五行、八卦也在拳中了。

第二，如果把太极拳只看成是武术门派，只当拳来练，那么完全可以不学五行、八卦理论，只要把练拳的规则掌握了，就能成为一个武功高手。就像火车司机不用知道瓦特发明蒸汽机及其原理，便可开好火车一样，知其一未必非知其二。

如果把太极拳不仅当拳来练，而且当成国学来悟，当成文化来学，当成艺术来品，甚至当成禅来修，那么五行、八卦理论就得非学不可了。太极、五行、八卦理论改造而派生了太极拳，太极拳在这一理论的支持下，其内涵不断得到丰富和完善。阴阳、五行、八卦理论著作是国学，学习它不仅可以知晓我国历史文化的渊源，而且可以掌握事物发展的哲理。哲学是宏观的，研究任何问题都离不开哲学思想的指导，有了这种指导，千变万化的太极拳便有规可循，有理可依。学习太极、五行、八卦理论，可以通晓太极拳的产生发展过程，从而全面地、历史地认识太极拳。学习掌握了太极、五行、八卦理论，还可以从根本上通晓太极拳与其他武术之间的联系，对太极拳与自然界息息相关的依赖性更加清楚，从而使其更加服从自然，顺其自然。

第十章
太极拳与其他

第一节 太极拳的数学意义

　　太极拳与数学有无关系，大多数人没有想过这个问题，即便是想了，也会认为这是风马牛不相及的事。把太极拳与数学扯在一起，是否有点牵强？其实不然，太极拳是以中国古典哲学为理论基础的拳术，哲学是以所有学科为基础的，它研究的对象是各门科学，并对各门科学予以指导。对于我们每个人，不管是否学过哲学，懂不懂哲学，都在用哲学，都在按哲理办事，只是有人自觉，有人不自觉罢了。数学也是一样，它是一门研究事物之间数量关系的科学，只要存在数量关系就有数学。太极拳是人体的阴阳转换运动，内外之间、上下之间、肢体之间、器官之间都有严密的数量关系。各种方位、各种角度、各种变化数量关系也十分明显。只是在以往的太极拳传承中，还未曾用数学来说明、来解释。太极拳一旦引进了数学，好多问题都能说得更清楚，学拳者也会弄得更明白。如太极祖师张三丰在论述练拳的方位时这样写道："十三势者，掤捋挤按，採挒肘靠，此八卦也。前进、后退、左顾、右盼、中定，此五行也。掤捋挤按，即坎离震兑，四正方也。採挒肘靠，即乾坤艮巽，四斜角也。前进、后退、

左顾、右盼、中定，即金木水火土也，此五行也。合而言之，曰十三势也。"运用五行、八卦，说了很多，许多人还是听不明白。近代吴式太极拳大师杨禹廷运用数学的方法，将八门五步十三势演进为"八方线"，并用非常简单的图加以说明，行拳中的各个方向、转换的各种角度，一目了然，清清楚楚，使学者学得明明白白。如此复杂的问题，用数学来解释、来分析，竟是这样的简单、明了。

其实，用数学的方法研究太极拳何止是方位问题。武禹襄的《十三势用功心解》开篇的第一句话"以心行气……以气运身"，就可以把心、气、身表示为一种函数关系。"气"是"心"的函数，"身"是"气"的函数，"身"是"心"的函数的函数，也叫复合函数。"心"是自变量，"气"与"身"则是变量。"气"和"身"的变化是随着心的变化而变化的。这种函数关系决定了"心为令，气为旗，腰为纛"，使"便利从心"为练太极之本。如果将来人们能够运用现代科学，把这种函数关系加入量的内容，那将对太极拳的发展带来一个大的飞跃。

太极拳的"其大无外、其小无内"，也是数学中"无穷大、无穷小"理论在太极拳中的运用。在练拳中，习练者的视线可以无限放远，思绪可以无限放长，而气息又能无限缩短，敏觉又可无限放细。有了这些无穷的变化理念，练拳才能获得越来越大的收获。首先，它使我们的思维进入了新境界。太极拳的变化是永恒的，潜力是无止境的，我们对太极拳的追求应是永无休止的。其次，太极拳要慢练，但要周身一家，一动无一不动，身法相对是快的。这种慢带来的效果是运动过程的放大，生命里程的放长，都体现了"无穷大"和"无穷小"的数量关系。再次，有了这种数学理念，便能带来"仰之则弥高，俯之则弥深，进之则愈长，退之则愈促"的练拳效果。

在有限的空间演示出无限的变化，恰如《高等数学》开篇第一句话所讲"一尺之棰，日取其半，万世不竭"，这是巧合吗？不是，王宗岳的论述就是高等数学在太极拳中的运用，只是当时还没有高等数学概念，还不知道这就是高等数学。

太极拳要求身备五弓，运动的轨迹以弧线为多，出手发力也不打满，这些都能在几何中圆的章节找到根据。圆受力均匀，可以化解来劲；圆转换灵活，可以随机应变；圆可使重心稳定，平衡能力强。有人把太极拳叫做圆的运动，就是因为它处处体现了圆的特征，圆的优势在拳中也处处显现出来。圆是数学的一个重要内容，把圆研究深透了，太极拳的很多行拳规则会弄得更明白，运用得更得心应手。

太极拳是加法，从零开始，一生二，二生四，四生八，直至生万象。简单的几个数，把无极生太极，太极生两仪，两仪生四象，四象生八卦……进而"千变万化，世界成矣"的事物衍生规律揭示得清清楚楚。一变二，二变四的这种变化，是算数增长还是几何增长？都是数学要研究解决的问题。

太极拳是减法，有人说太极拳是做减法的拳术。道家的思想在一定意义上说也是在做减法。就是逐渐减少纷乱的念头、思维，甩掉压在身上的沉重包袱，忘掉那些不愉快的往事。用减法的方式，把这些不利的东西去掉了，身体就轻松了，心情就愉快了，练拳就更有成效了。怎么减，减多少，也要通过数学的办法来完成。

太极图就是太极拳运动的平面解析图，是太极拳的数学表达式。它把太极拳的阴阳转换规律用图的方式展示出来，太极拳的习练过程，就是描绘太极图的过程。先有太极图，而后产生了太极拳，因此学练太极拳要先弄清、弄懂太极图。研究太极图就是研究太极拳，要练好太极拳就必须弄清太极图的原理、结构、变化规律，以及发展趋势。用科学的理论为指导，使拳练得不走样，完全按照太极图的运行规律行拳走架（附：太极

图，八方线图）。用太极图指导练太极拳就是运用数学。目前，好多人还没有认识到这一点，还有待于加深这方面的认识，在太极拳的理论研究中多多引进数学方法。

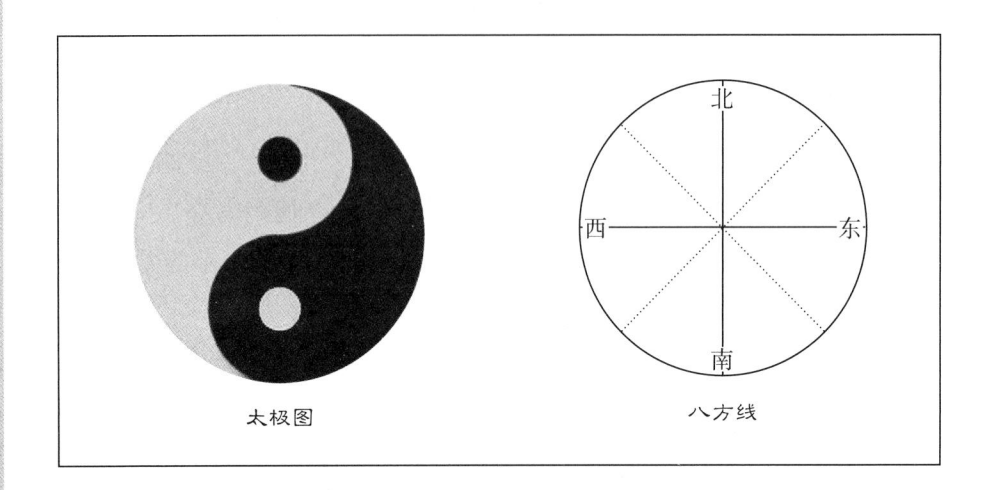

太极图　　　　　　　　八方线

太极名家林卫所著《太极道》一书中，就运用了数学公式的方法表达阴阳与太极之间的动态关系。他先勾画出传统的太极生化图，按太极、阴阳、四象、八卦的次序：

然后，他写出了太极生化图中阴阳与太极之间的动态关系：

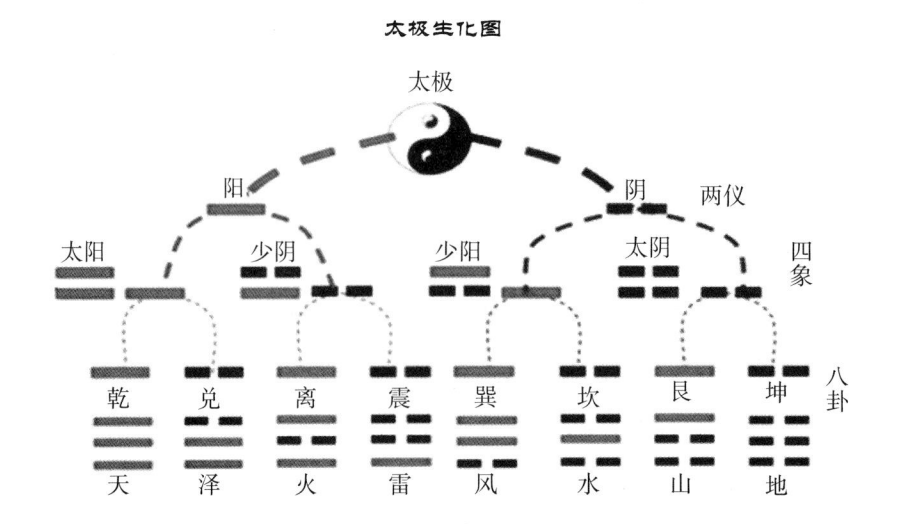

太极生化图

太极

阳　　　　　阴　　两仪

太阳　　少阴　　少阳　　太阴　　四象

乾　兑　离　震　巽　坎　艮　坤　八卦

天　泽　火　雷　风　水　山　地

"假设令太极生化图按从'有到无'的方向收敛,也就是按从八卦到四象、到阴阳,最后到太极而无极的方向收敛,我们可以写出阴阳从'有到无'之间的过程中的变化和结果。""这个变化就是,当阴阳同时由'有变为无'的时候,阴与阳逐步实现'极好至善'的合一。这个阴阳的完美合一就是太极。"

接着推导出数学公式:

"设1表示有,0表示无

yin表示阴,yang表示阳

F(yin、yang)表示阴阳之间演化

H(yin、yang)表示阴阳之间和谐

EH表示阴阳的完美合一(E:extreme,H:Harmony)

Taichi表示太极

和谐解释:和谐代表阴阳处于某种相对稳定的状态,和谐具有不同程度的阶段性。万物之阴阳可分为不和谐、低度和谐、高度和谐、和谐的极限等不同阶段。

上述语言的数学表达式为:

$$\lim_{(yin, yang)Ti \to 0} F(yin, yang) = EH = Taichi$$
"

林卫的这个数学公式,表达了太极、阴阳的和谐程度和发展趋势。这个公式表述得不一定完全准确,却开创了用数学研究太极拳的先河。在太极拳中有很多关系也可以用数学公式表示出来,这有待于去研究和探讨。太极拳与数学确实密切相关,用数学方法研究太极拳是一个新课题,也是今后探索太极奥妙的必然趋势。

第二节　太极拳的力学原理

太极拳的理论中关于力（也称之为劲）的论述是较多的。凡太极拳习练者都十分熟悉"用意不用力"这句话，它是太极拳一条十分重要的习练准则。王宗岳的《太极拳论》对力作了如下阐述："有力打无力，手慢让手快，是皆先天自然之能，非关学力而有为也。察四两拨千斤之句，显非力胜；观耄耋御众之形，快何能为？"武禹襄的《十三势用功心解》中说："蓄劲如弯弓，发劲似放箭。曲中求直，蓄而后发，力由脊发，步随身换。"在《十三势说略》中指出："太极拳者，每一动，惟手先着力，随即松开，犹须贯穿一气，不外起承转合。"还有杨澄甫、郝为真、陈鑫等太极名家，都对太极拳的力有详尽的论述，这些论述有的是要求不用力的，有的又是提倡发力的，初学者对力的掌握便无所适从了。

图27　下式　威武豪迈

太极拳是武术运动，技击是它的重要功能，没有力是绝对不行的。但是，为什么拳理又要求"用意不用力"和"脱去本力"呢？为了说明这个问题，就得把什么是太极拳的力、太极拳的力是怎么产生的、太极拳的力如何应用等问题弄清楚。

太极拳的力指的是：

内力。内力和外力是有区别的。外力是肢体运动产生的力，主要靠肌肉松涨、筋骨伸缩而产生，王宗岳说的"有力打无力"就是说的这种力。它主要靠先天的身体高大、体质强壮，后天锻炼虽有补益，但主要还是先天的结果。内力是靠内气足、精血旺发出的力，太极拳与外家拳的区别就在于此。它不以练腿脚而增强四肢的力量为主，它练的是精气神，所有的规则和方法都是为训练精气神的。精旺、气顺、神足的人就健康，气力就十足。这种力是通过特殊的训练可以得到不断的增长的。

整合力。是指把全身全部的或大部分的力集中到一处，在瞬间发放出来。它的特点，一是猛，二是快。拳论中所说："一动无一不动，一静无一不静。""其根在脚，发于腿，主宰于腰，形于手指。由脚而腿而腰，务要完整一气，向前向后，乃得机得势。"这些论述都是为了训练和提高整合力的。整合力主要也是内力，它是内力充分发挥的手段。

巧力。太极拳习练者之所以能够以小胜大、以弱胜强，就是运用了巧力。《拳论》中说："每见数年纯功不能运化者，率皆自为人制，双重之病未悟耳。欲避此病，须知阴阳。粘即是走，走即是粘。阴不离阳，阳不离阴，阴阳相济，方为懂劲。"讲的是不硬碰硬，不与对手硬顶，要避实就虚，避重就轻，不要出现双重。"若能轻灵并坚硬，粘黏连随俱无

疑。"讲的是舍己从人，粘住对方，使其无所适从，发不出力来。"牵动四两拨千斤"则是要抓住对手的关键部位和薄弱环节，以小制大。所有这些都是强调技巧的，正是运用了这些技巧，太极拳才取得了出奇制胜的技击效果。

弹簧力与缠丝力。这两种力是太极拳内力的发放形式。太极拳用力都是有分寸的，既不过，也无不及，力的运行是通过手臂的缠丝而螺旋向前的。这种发力功法，是太极拳用力的独到之处，它既能发挥力的最大效能，又能把力用得恰到好处。

掤力，八法即掤捋挤按、採挒肘靠的八种劲，主要是掤力，其他各力都是掤力派生出来的。掤力是内力的突出表现，它是内气推动产生的一种张力，用这种力全身有一种鼓荡的感觉，力的方向灵活多变，力的大小随心所欲，全身随处可以发力。掤力是真正太极拳的力，而只有太极拳才能练出掤力。在八卦中，掤属坎卦，正北方，在脐下方，五行属水，窍位为会阴。运用掤劲时，以意引气，内气遍及全身。这种力与平时我们所说的力是完全不同的两种概念，而"用意不用力"是指平时我们所说的力，绝不是掤捋挤按之类的内力。

● **太极拳的力是靠练功得来的**

太极拳的力是气的转化形式，内气足力则大，内气弱力则小。平时做功，行拳走架，目的是把本力转化为气，所谓"炼精化气"就是这种转化的功夫。完完全全把本力化掉了，内气也就逐渐饱满了。在发力的瞬间，气又转化为力。有人说太极拳靠气取胜，其实气是不能做"功"的，只有转化成力才能做"功"，只是这种转化有些人没有意识到。平时太极拳习练者"站桩""静坐""走太极步""练太极功"以及行拳走架，主要目的是培植内气，是把自身的本力转化为内气。有的人练太极拳没有在培植内气上下功夫，他们站桩、行拳架式很低，为的是增加腿的力量；他们练抖杆、举哑铃、与人推手用猛力，为的是增加臂力。这种练法完全背离了太极拳的原则，用练外家拳的练功方法练太极拳，是不能得到太极功夫的。"抓住丹田练内功"，才是太极功法的正确方向。

有的人内气很足，却发不出来，或者说发挥不了效能。这是因为身法还没能达到周身一家的程度。气散则力不整，力量不集中，攻击的目标分散，效果就不好。练套路是练身法的有效途径。练套路时要严格按照"身法八要"规范动作，身备五弓，一动无一不动，一静无一不静。手与脚合，肘与膝合，肩与胯合，手眼身法步要配合一致，每一个动作周身都是一个整体。真正做到了"根在脚，发于腿，主宰于腰，形于手指，由脚而腿而腰，务要完整一气"，内力就完全发出来了。这种力量靠外力是难以抵御的。

太极拳整体内力的运用是十分巧妙的，没有巧就不会有"四两拨千斤"和"耄耋御众"。巧的功夫也是太极拳训练的重要内容。练巧须练心，心灵方能手巧。通过练心，学会整体把握事物的变化规律，全面地分析问题，灵活地应对各种变化。"动急则急应，动缓则缓随""彼不动，己不动，彼欲动，己先动"。通过练心，学会分析矛盾，抓住主要矛盾，把力用在刀刃上。使自己的内力能动地、有效地、最大限度地发挥作用。通过练心，学会如何懂劲，既知己，又知彼，从而做到"英雄所向无敌"。巧是自己潜能的最大发挥，是对敌的一种灵活应变。太极拳技击艺术突出表现在巧字上。巧能克敌制胜，巧能以弱胜强，巧能使自己立于不败之地。

● **太极拳的力是如何应用的**

太极拳大家与人交手是不会轻易发力的，他的力运用得适时、适度、恰到好处，其特点是：

第一，以意导气，以气催力。太极拳的力是意通过气来催动的，意到气到力到，就是说意是力的先导，是力的驱使，是力的统帅。不管练太极拳还是用太极拳，都应把意放在首位。练太极要"用意不用力"，是为了积蓄内力。在与人交手时要"意在先"，是为了最大限度地发挥潜能。因此，不管是习练还是应用，都要刻刻留意，不能有丝毫懈怠。意为神之用，意之本体为神，用意是练神的具体体现，太极拳把练神放在首位正是为了意的更好发挥。普通人的意念活动是无序的，而太极拳习练者的意念活动则是主动的、灵敏的、有序的，专一而有力、广博而全面。用意调动内外之气和形体产生互动变化，使气与力互变，成为一体，在互变中更加充实。正是有了意的功夫和运用，太极拳才有别于其他以力、以动作姿势、以技巧为主的西化体育或国内其他拳种，才有自己独特的技击特点，才有跻身于武术之林的历史地位。

第二，力不空发。力是人体内的一种能量，太极拳的所有训练过程都是积蓄能量的过程。"气以直养而无害，劲以曲蓄而有余""用意不用力"等，说的就是在行拳中积蓄自身能量。武禹襄在《打手论》中说："与人交手，首先着力，只听人劲。务要由人，不要由己，务要知人，不要使人知己。知人者上下、前后、左右自能引进落空，则人背我顺。"在与人交手时，太极拳的力是不轻易发出的，只有得机得势才突然发力，给对手以打击。

第三，借力。借用对手的力是太极拳制胜的一个重要方法，也是其用力的一个显著特点。"舍己从人""粘连黏随""不丢不顶"等技巧都是借力的好方法，"耄耋御众"靠的就是借助对手的力量。

第四，力点稳固，方向灵活。长期习练太极拳就能立身稳固，其原因是脚下的变化运用了轴侧平衡的原理。即身体的重心点移动，脚也随之移动，使重心点与地面的垂直落点，在人身重心的底面之内。这样人的身体就始终保持不偏不倚。"立身须中正安舒，支撑八面"，太极拳使用力的方法是有前就有后，有左就有右，有上就有下，阴阳相济，随势而导，随机应变。应敌能"左重则左虚，右重则右杳"，制敌可"仰之则弥高，俯之则弥深，进之则愈长，退之则愈促"。这种变化莫测的用力方法，使太极拳的技击几乎达到了战无不胜的地步。

太极拳蓄力深奥，用力方法独特，其目的不单是为了技击，对养生健身也是极其有益的。人的日常生活处处都要耗力，力尽则气竭。因此，保存体力是养气的重要方法。练太极拳能够蓄力、养气、健身，长期练太极拳便能获得健康。

第三节 太极拳的教与学

太极拳的传承靠越来越多的人喜爱太极拳、学习太极拳、加入太极拳的习练队伍。而要使这些人成为合格的太极拳习练者，则要靠热心的、有能力的太极拳大师传授和指导。传授太极拳是每一位太极拳习练者的责任和义务。更多的人学练太极拳，弘扬太极拳是现实的需要。孔子倡导的"学而不厌，诲人不倦"的精神，应成为太极拳界人人需具备的品德和风格。

太极拳是性命双修的功夫，其目的是使习练者既能技艺高超，又能品德高尚，它不是任何人都可教、都能学的。太极拳具有高超的技击能力，

一旦被恶人、歹人掌握，就会伤害他人，危及社会，给传授者带来祸患和麻烦，所以前辈传授此技，择人是极其严格的。杨式太极拳就有"五可传"和"八不传"的门规。其他门派的传统太极拳授艺收徒也有严格的标准和要求。武式太极拳有很长一段时间是不传外姓的；孙式太极拳直到近代才走出家门，在社会流传；陈式和吴式太极拳收徒传艺，须经过认真的挑选和长时间的考验。杨露禅在陈家沟学陈式太极拳的艰辛和漫长，足以说明陈长兴择徒的严谨态度。

● **杨氏太极拳的八不传是**

不忠不孝、品行不端之人不传；

根底不好之人不传；

心术不正之人不传；

鲁莽灭烈之人不传；

目中无人之人不传；

不知礼无恩之人不传；

反复无常之人不传；

得易失易之人不传。

杨露禅、杨班侯、杨澄甫等杨式太极拳先辈把"八不传"作为一条戒律，不仅自己严格遵守，而且作为祖训要求晚辈必须遵照执行。尤其是最后一条"得易失易"，前辈先贤用"事上磨"的方式锤炼徒弟的心性，让其得之不易，从而不轻易丢掉，使本门技艺代代传承下去。

太极拳之所以历经几百年的传承而不失真，就是因为有了如此严格的收徒戒律和传承方法。时至今日，太极拳已不仅仅是一种武术门派，它的独特健身功能使其成为了一种全民健身的体育运动，越来越多的人为了

图28　金鸡独立　立如秤准

锻炼身体而习练太极拳。太极拳不仅要提高，更要普及，"八不传"再不能作为戒律把广大太极拳爱好者挡在"门外"。但是为了保持太极拳的严肃性，为了不使太极拳变态，"八不传"的精神是要继承和发扬的。对于那些心怀不轨的人，对于那些把太极拳当"儿戏"的人，还是要慎之又慎的。传统太极拳的传承更不能随意，还是要参考"八不传"的原则，选择那些品行端正、性情专一、为人正派的人予以传授。

传授太极拳是一种美德，没有"诲人不倦"的爱心是不能担起此重任的。古人云："师者，传道、授业、解惑也。"古往今来，凡为人师无不把道德教育放在第一位，传授太极拳尤其如此。德是做人的根基，习武者讲武德，没有道德的人是早晚会被社会所抛弃的人。"八不传"是收徒的要求，更是授徒的"戒律"。以"八不传"为戒，严格要求学练者做好人、行善事、修真功，是为师最基本的要求和标准。

古往今来，还没有"坏师傅"带出了"好徒弟"的先例，倒是有"好师傅"教出了"坏徒弟"的现象。如《封神演义》中元始天尊的徒弟申公

豹、《东周列国》中鬼谷子的徒弟庞涓，他们心术不正，做出了欺师灭祖的事。之所以如此，是因为他们在学徒期间本质未有暴露，或离师之后性情发生了变化。元始天尊、鬼谷子这样的高人尚且授徒有误，可见选择徒弟也是一件很难的事。要少出现失误，应注意以下几点：

第一，授徒不宜过多。有的明师很出名，来拜师的人很多。越是这样越应谨慎，切不可以徒多为荣，以"桃李满天下"为喜。须知多则有乱，多了不好了解，不便管理，难以传授。带徒弟也要坚持少而精的原则，授徒无需普及，只为提高。看准了、选对了、专心带、认真教，经过长时间的努力，徒弟定可成才。

第二，收徒不应过急。拜名师学艺的人是有很大区别的，他们学习的目的不同，他们的性格各异，他们的天分差别很大，他们的发展趋向不尽一致，这些都是需要较长时间进行考察和识别的。对这些还不了解，就收徒授艺，往往容易出现后悔的事。尤其对个别动机不纯者，如无较长时间的考察就收为徒，很容易给师傅带来祸乱。

第三，收徒不计贵贱。有的人收徒看身份，是不是宦家子弟；有的人收徒看是否有钱，是不是大款儿女；还有人收徒看地位，是不是名门之后。有的凭关系、靠门路等渠道寻师求教，这些都违背了"八不准"的原则。收徒不需看贵贱，只要他品行好、愿意学、有恒心、有毅力、是个好苗子，就应接纳。

第四，收徒条件不可过于苛刻。"八不准"不是苛刻，是收徒最起码的条件。苛刻是指不切实际地过分要求，如年龄、性别、身高、体重，甚至相貌、职业等，这样做很容易把一些好苗子拒之"门外"。孔子曰"有教无类"，太极拳是面向全社会的，各类人员，只要是这个材料，有这个天赋就可以教，定能成才。

收徒难，拜师更难。收徒可以经过考察进行筛选，而拜师往往是慕名而投的。现实社会，有很多名师并不高明，很难识别，一旦拜偏了门，如同投错了胎，就会成为先天不足的太极拳习练者。因此，拜师更应谨慎思考，不可轻举妄动。

●选师更是有标准的，简单归纳也可称为"八不拜"：

以营利为目的的名师不拜；

随意自立门派的名师不拜；

排斥其他门派的名师不拜；

与同门不合的名师不拜；

自身品德不佳的名师不拜；

没有真才实学的名师不拜；

不能因材施教的名师不拜；

对徒不能一视同仁的名师不拜。

现在"名师"很多，有些人打着收徒授艺的幌子行敛财之实。他们收徒就要钱，办班就收费，把太极拳作为商品四处推销、叫卖。有一位"名人"办收费班，当学员提出问题时，他竟回答："这个问题等下一次办班时再讲。"这种只为赚钱的动机暴露得何其明显，跟这样的"名师"学做买卖可以，学太极拳是万万不可的。

还有一些"名师"，把太极拳各式前后顺序稍加改动，或采取了不同的练法，就随意在太极拳名前加上一个定冠词，自创一派，成了新门派的创始人。太极拳是要发展，要有新门派产生，但没有几十年的勤学苦练，没有对传统太极拳的深刻理解，没有对太极拳拳理、拳法、拳势的创新，没有太极拳界的认可，没有几年的实际检验是没有资格自称一派和自立门户的。凡这样做的人都是妄自尊大、别有用心的，跟这等人是不可能学到

真才实学的。

排斥其他门派、与同门不和是心胸狭窄无气量的表现。唯我独尊限制了他们的眼界，只能在自己的小圈子里转，他们的技艺不能扩展，不能提高。拜此类人为师，眼界放不远，思路放不宽，只能是一代不如一代，不会有超常的技艺，也不可能有"青出于蓝而胜于蓝"的效果。至于没有真才实学，以其昏昏如何使人昭昭？更是不能入室为徒了。

不能因材施教，对徒不能一视同仁，是方法不当，施教措施不得法，如入此门，便会无所适从。学无规律可循，甚至会出现师徒不睦、师兄弟不和，很可能造成有始无终、半途而废的局面。

选师不能只图名不求实。如果能拜既有名气、又有真本领的"高人"为师，那当然是求之不得的好事。但受条件限制，大多数人是拜不到这等"高人"的。那就从实际出发，努力从本地认识"高人"。开始由于对太极拳一无所知，不能辨别谁练得好、谁练得差，不要急于拜师。可多看一些太极拳书，学一些太极拳理论，用理论去识别、去认识。还可先学一些简单的拳势，经过一段时间，熟悉了拳，也熟悉了人，再拜师也不迟。如对拳和人都一无所知就盲目拜在其门下，再改换门庭那就困难了。

拜师虽不能从一而终，但也不能见异思迁。看准了、选对了、拜完了就坚持学，坚持练，切不可"这山望着那山高"，更不能"身在曹营心在汉"。要把本门的拳技继承下来，传播下去，如能发展，那就更好了。要不负师望，不辱师命，为师傅争气，为本门争光。

尊师重道，尽学生之本分。尊敬师傅是学生的本分，尊师不是师道尊严，是尽师徒之礼，是敬师之人格、敬师之技艺，更好地向师傅学习"真知灼见"。人无完人，师傅也有不足，也可能有失误，切不可抓住一点不及其余，败坏师傅名声。尊重师傅的最好方式是虚心地、诚心诚意地、认认真真地学习师傅的技艺，做师傅的继承人。

第十一章 内核要论

第一节 走近太极内核

太极拳是一种高层次的拳术运动，它不仅练外，还要练内，不单修身，还得修心。多少已经练了十年、二十年，甚至更长时间太极拳的人，由于太极理论知之甚少，还没有弄清太极拳的真正含义。他们虽然练的套路不少，却仍在太极拳的边缘徘徊，没有尝到太极"三昧"之愉悦，没有走近太极内核。

太极拳修炼是无止境的，太极内核只能逐步接近。迄今为止，还没有人能够登顶太极拳，也没有人能够穷尽太极拳。太极鼻祖张三丰是太极拳的创始人，他为后人开创了太极拳习练、发展之路；有"无敌"之称的杨露禅，是当时的绝顶高手。他们都没能终止太极拳向前发展的势头。后来的郝为真、杨澄甫等人也只是在前人的基础上发展了太极拳，把太极拳提高到一个新阶段。太极拳是不断发展的，是与时俱进的，同时，太极拳的习练又是分阶段的，是有层次的。

从内功练法分，也是达到"天人合一"必经阶段是：练形生精，练精化气，练气还神，练神归虚，练虚合道。它是一个螺旋式上升的过程，不

只一个循环，每次循环都从低向高上升。

从运动形式上分，也就是训练方法由低级向高级的必经阶段是：肢体运动，意气运动，知觉运动，静中触动。这几种运动形式不能截然分开，随着运动的深化，各种运动的形式、作用、感觉共同存在于一身。

走近太极内核是十分艰难的，但不是不能做到。所谓艰难是指要达到高层次阶段，也就是如前所说，内功达到"练气还神"，直至"练神归虚"阶段；运动形式达到"知觉运动"和"静中触动"阶段。说不难是指，只要练得对，并每天坚持，就能不断向太极内核迈近。关键是要有信心，有恒心，不要刻意追求，更不要急于求成，超越阶段。要顺其自然，能走到什么阶段，达到什么程度，不是单凭主观努力便可奏效的，生理条件等其他客观原因也在起作用。

走近太极内核应从以下几个方面下功夫，即：脱俗入理、脱形入空、脱力入气、脱欲入道、脱意入神。经过去粗取精、去伪存真、由此及彼、由表及里的努力学练，便可与太极内核日益趋近。

一、脱俗入理

明理是走近太极内核的基础，是关键的第一步。明理的程度是走近太极内核程度的主要标志。一个对太极理论一无所知的人，是不可能走近太极内核的。要实现对太极内核的不断接近，就必须努力学习太极理论，脱掉对太极拳的世俗偏见，脱去对太极理论的庸俗教条理解，做到对太极理论全面了解、系统掌握、深刻领会、灵活运用。

目前，太极拳的书很多，理论也较全面。这些理论有的是习拳者个人体会的总结，有的是对前人理论的理解发挥，有的是在原有理论基础上的推导，也有随着实践的提高理论有了新发展。但也不排除个别人故弄玄虚、随心所欲地乱造。只有对其全面了解，才能有比较、有鉴别、有分析，才能根据自身需要有选择地予以取舍。学理也应遵照"知彼知己"的原则，既要学自家的，也要学别人的；既要学感兴趣的，也要学暂时还没兴趣的；练内家拳的要学外家拳的理论，练外家拳的也要学内家拳的理论；学武式拳的要学陈、杨等式太极拳的理论，学其他式太极拳的也要学武式太极拳理论。只有这样，对各家各派的拳理有了全面的了解，对来自各方的理论有了认知，才能完成去伪存真、去粗取精、由表及里的飞跃过程。张三丰的《祖师遗论》、王宗岳的《太极拳论》、武禹襄的《十三势用功心解》是太极拳最基础的理论，是太极理论的"老三篇"，不仅要学，还应会背。太极拳的全部理论都能从"老三篇"中找到依据，练太极拳的所有错误和毛病，都能在"老三篇"中找到原因。"老三篇"是全部太极理论的基础篇，应成为每个太极拳习练者的"座右铭"。

对太极理论要在全面了解的基础上系统掌握其体系。太极拳从诞生到现在，经历了数百年的发展，形成了完整的行拳规则，分出了若干门派，创造产生了一整套理论体系。对形体训练、内功训练、神意训练等各种训练方式，都有独特的、较为完善的理论规范。对方方面面的理论，都要认真地学习和研究，只有对各个方面理论都掌握了，并把它们的联系及相互作用的内在关系弄明白了，才能全面把握太极拳的行拳规则，真正走近太极内核。如果对太极理论的层次分不清，对各系统的特点掌握不准，就不会真正明白习练太极拳连续性和阶段性的关系，就有可能断档，使太极拳习练出现停滞现象，也就不可能离太极内核越来越近。

学理论是要领会精神实质的，而且要领会得深刻，只有这样，运用理论指导才能收到实效。对理论一知半解，是不能指导实践的。比如"牵动四两拨千斤"这句话，大多数人理解为，用很小的力量去战胜较大的力量。这种理解虽不能算错，但不够深，还没能完全领会其实质。这句话

的关键是"牵动"二字，就是说在与对方交手时，要抓住对方的关键处、要害处，使其不能发挥出自己的优势，从而实现克敌制胜的目的。太极理论、尤其是先人留下的文章，语言精炼、寓意深刻、不认真研究、反复推敲，很容易出现理解的偏差。

图29　上步七星　沉着松静

  掌握理论是为了应用，但不能机械地用、教条地用、死板地用。太极理论是鲜活的，有极强的指导意义，在实践中必须灵活运用。要做到这一点，首先，对理论要有全面的认识、系统的掌握，要知其然，还要知其所以然，靠一知半解或支离破碎的东西去指导，十有八九是不能得到好效果的。其次，要合于自己的实际和特点。太极理论也有基础理论和实用理论之分，基础理论适用于每个太极拳习练者及其习练的各个阶段。实用理论则不然，它针对性更强了，对不同的人以及每个人不同的习练阶段要有不同的要求和指导。同是"用意不用力"，却不能任何时候、任何情况下都不分情况地用以指导。最后，要区别对待，抓住重点。理论的作用和意义是不同的，有的是直接指导练拳的，有的是供研究学问的，还有的是探讨历史发展的。大多数习练者是为了健康，为了提高技击能力，就需在指导练拳的理论上多下功夫。至于理论研究、历史研究方面的理论，略知一二也就可以了。

二、脱形入空

太极拳，拳是形，太极是质。我们练拳不是为了得形，而是为了入质。入质的必经之路是破象脱形。走近太极内核的过程就是入质的过程，因此，要实现此目标必须脱形。先贤们在这方面论述较多，明代俞莲舟所传《授秘歌》云："无形无象，全身透空，忘物自然，西山悬磬，虎吼猿啼，泉清水静，翻江蹈海，尽性立命。"还有《无极歌》亦云："无形无象无纷挐，一片神行至道兮，参透虚无根蒂固，浑浑沌沌乐无涯。"先贤们之所以特别强调"无形无象"，是因为外形和表象不是太极拳习练所追求的真正目标，它只是开始时借助的手段，如同载人的舟和车，是把人送往目的地的工具。如果只在形和象上用功，永远不能实现破象入核的目的。练太极拳到了较高层次的阶段，是要进入"空""无"状态，不脱形破象就无法进入这种状态。

破象首先要转变观念，对太极拳要有正确的认识。有人认为学会了太极拳套路就学会了太极拳，套路就是太极拳。他们认认真真地在学练太极拳套路上下功夫，一招一势，原原本本，仔仔细细，唯恐有丝毫的差错。套路练得非常工整、规矩、好看。甚至有人认为，套路练得越接近师傅的练法，就是练得越好。这些认识和做法在太极拳学习的初始阶段是正确的，也是非这样做不可的，因为不这样就入不了太极之门，就登不上通往太极内核的船。这个阶段守规矩最重要，但这种规矩不能永远守下去。太

极拳是由外向里练的拳，当有了内功和气感时，这些规矩和形象就须逐渐破掉。观念转变是脱形入空的第一步。

太极拳练到柔和如水的程度便是脱形入空的第二步。水是无形无象的，它具有很高的自由度，随物而变，随时而变，而无常态。水是柔和的，它是自自然然放松的。老子说："专气致柔，能如婴儿乎？"郑曼青曾说："柔弱者，生之徒；刚强者，死之徒。""摄生之道，致柔而已，天下唯有婴儿之真态，能全太和之气，入无心之妙。"在生活中，由于环境等诸多原因，使人开始走向由柔变刚，也就脱离了婴儿"致柔"的生理特点，这也是人衰老的开始。当然这是自然规律，不可抗拒，但人可以通过练柔来延长这个衰老过程，使人的寿命延长。

以气运身是脱形入空的主要手段和必经之路。武禹襄说："以心行气，务令沉着，乃能收敛入骨。以气运身，务令顺随，乃能便利从心。"他强调的气除了对内增强内功外，形体也应如气无象，随心所欲，内外一致，身心如一，意动气随，气行身随，如行云流水，漂浮不定。身形处于空无状态，身体各个器官完全自然，符合人体生长的生理特点，这样才能得到舒适与健康。与人交手时使对方摸不到、找不到你的劲，不知所措，"人不知我，我独知人"，从而立于不败之地。以气运身是太极拳的独特之处，不能做到以气运身，就没有进入真正意义太极状态。气为人之根本，如鱼和水，须臾不能离开。真正做到了以气运身，便是走近太极拳内核的开始。

无形无象不是不要形，不存在象，而是不要固定的形和不变的象。水和气也是有形有象的，只是它在不断变化，从无固定。太极拳习练者应切记，追求"无形无象"，一是要柔，柔到如水、如气的程度；二是要变，变到让人无法找到规律的地步。这才是练拳所要达到的真正目标。

三、脱力入气

在太极拳理论中，对力有多种说法。王宗岳《太极拳论》说："有力打无力，手慢让手快，是皆先天自然之能，非关学力而有为也。"武禹襄《十三势用功心解》说："力由脊发，步随身换……有气者无力，无气者纯刚。"李亦畬《五字真诀》说："彼有力，我亦有力，我力在先；彼无力，我亦无力，我意仍在先。"郝为真《太极拳功诀》说："顺人之势，借人之力，接人之劲，待人之巧。"练太极拳到底有没有力，先贤们论述不一。这是因为论述的角度不同，或针对练拳的不同阶段提出的观点。练拳的初始阶段是需有力的，各种动作是靠力来完成的，只是不用拙力，不用僵力。因为开始是无法"以气运身"的。练拳就是逐渐把身上的拙力、僵力化掉，把力转化为气。"练形生精，练精化气"就是实现这个转化过程。在与人交手时再把气转化为力，在得机得势时把力发出击倒对手。太极拳是武术，是有技击功能的，技击是不能不用力的。真正高手的"用力"是从"不用力"来的，"有力"是从"无力"来的，练拳就是要从"有力"练到"无力"，再从"无力"练到"有力"。这种力不是靠肌肉的松张形成的，而是内气的转化和巧妙运用。因此，太极拳习练有一个脱力过程，只有把本力去掉，太极内功才能上身，内气才能饱满，这是走近太极内核的必经过程。

人的一切肢体活动都是靠用力来完成的，日积月累，周身的力量在不断增大，用力的习惯也慢慢形成。学练勇武刚猛的拳术，自然与平时的习惯一致，通过习练，使自己的力量越来越大。而练太极拳如果也采取这种方式，便是走错了路。练太极拳要"用意不用力"，要逐渐退去本力，这

是摆在太极拳习练者面前的一道难关，多少人被这道难关挡在了太极拳大门之外，练了十几年，甚至几十年，仍然没有摆脱用力的习惯，把太极拳练成了力足劲猛的长拳。要改变这种状况，实现太极拳的本来面目，一是要从理论和实践的结合上弄清太极拳"用意不用力"的真正含义，牢固树立"脱力入气"的思想观念。在实练中，处处以此为指导，不要怕无力受制于人，更不能把靠力作为争胜的手段。二是要改变用力的习惯，举手投足要轻，有飘和气催动的意识，由力大到力小，再由力小到无力。人多年形成的用力习惯以及干活用力的做法不能带入太极拳的习练中，要逐步形成不用力的练拳态势。三是要从思想上、肢体上完全放松下来。精神不能有丝毫的紧张，全身各个关节都要松，从头到脚、从内到外无处不松。四是要做到舍己从人。与人交手不先动、不盲动、不乱动，做到"动急则急应，动缓则缓随"，应随都不用力，只需贴住对方，避免出现"双重"。

　　脱力是比较艰难的，原因是它与平时的做法和习惯相悖，与人们的观念相左。太极拳习练就是要有与众不同的思维方式，有别开生面的独特功法，这些都需在多年的练拳实践中培养和形成。

四、脱欲入道

　　要步入太极内核，不仅要无形无象，还要无欲无求。练太极的过程是顺其自然的过程，练太极拳的目标是实现一切顺乎自然、合于自然，欲望和索求是实现上述目标的最大障碍。这里说的无欲无求，不是让人没有欲望，不去追求，而是要清除无法实现的欲望和不切实际的追求。正常的欲求是谁都有的，人如果没有欲望，人类的活动也就停止了，那么人类也就不存在了。但人必须减少私欲，除掉奢求，乐于清贫。昔时黄帝问广成子何道可以长生，广成子回答说："务静务清，勿劳尔形，勿摇尔精，固其宅合，守其命门，乃可长生。""务静务清"就是教人少欲寡求。一个人总是在那里胡思乱想，今天想升官，明天想发财，心就不静，就无法登阶入室。孔子很好学，买了只雁去看老子，老子跟他说："良贾深藏若虚，君子盛德，容貌若愚。"意思是说：好的商家好像没什么东西，但后柜却存货甚丰。君子看似糊涂，其实很聪明。老子还批评孔子："去子之骄气与多欲、态色与淫志，是皆无益于子之身也。"意思是说你周游列国，过分的想法对你无益。两位圣人之论就是告诉我们人的欲望要小，追求要少。小和少到什么程度？就是逐渐趋于无。

人的能力和人的欲望与追求大都不是一致的。欲望和追求是主观的，是不受制约的，而能力是客观的，是由诸多因素决定的，是有限的。通过努力提高自己能力，从而实现自己的欲望和追求，是一种积极有为的生活态度。但这只能在一定范围内可以做到，更多的、更实际的办法是通过"务清务静"的方式去克制自己，抛弃那些超出自己能力、不可实现的欲望和追求，这种欲望和追求给人带来的只是烦恼。这样的欲望和追求很多，这里仅就练拳中存在的几种予以论述。

成名思想。大多数太极拳习练者是为了健康，为了获得太极拳带来的快乐。但也不排除有人想以此成名。怀有这种思想的人，有的是大张旗鼓，有的是暗里用劲。不管属于哪种，都是不利于太极拳的正常训练的，终究是要误事的。

争胜态度。练太极拳应以平和的态度，顺其自然。有的人总是想胜过别人，抱着一种求胜的欲望练拳。尽管他们的功夫下了很多，但由于态度不端正，也是不能成为太极大家的。

求全的想法。个别太极拳习练者抱着多多益善的想法学拳、练拳，他们今天学这个，明天学那个，想把太极拳的所有练法全部学到手。岂不知人的精力是有限的，学多了必然影响精。

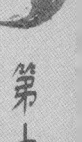

急躁情绪。有人对太极拳十年不出门的说法不服气，对练太极拳要有一个自然再生长的过程不理解，试图在几年之内甚至一年半载，就学会和掌握太极拳的全部功夫，在短时间内赶上和超过比自己练拳早的人。他们忘记了"欲速则不达"的古训，结果走了弯路或回头路。

练太极拳有了这些奢望和企求，就不能实现静、清，也就无法离太极内核越来越近。

五、脱意入神

"用意不用力"是练太极拳的一条准则，这条准则是对初学者而言，也是相对于用力而说的。其实拳练到一定程度就应脱意，然后随意，直至无意。用力过了易伤身，意用过了易伤心，其危害更大。

开始练拳，用意念引导动作，意向前，手便向前，意收回，动作也收回。意念与拳势动作配合一致，这是练拳必经的阶段。很多太极理论十分强调这种"意与气合"的必要性，但是，练太极拳如果过于强调这一点，始终停留在"用意不用力"发展阶段中，那么太极拳的习练也就止步不前了。即便功夫下得再大，也不会发生质的变化，即不能进入"练神归虚""练虚合道"阶段。

意和形即是阴和阳，只能是形中有意、意中有形，不能形、意双现，否则就会出现了意、形双重，这也是练太极之大忌。

无意即是意念与动作分开，意、形相离。初学阶段是不能意形相离的，等形练纯熟了，练出了味道，身体有了知觉，形就可以逐渐脱意，跟着直觉走，这时的运动形式便由意气运动进入了知觉运动阶段。这时的意还存在，但不重，处于有意无意的状态。

意是神之用。练太极拳到了有意无意阶段，也就是意的自如阶段，便实现了"还神"目标。这是一个很高的目标，很少有人能够登及，大部分人能够练到意与气合就很不错了，这也是太极理论强调意的重要性较多的原因之一。

太极拳的意念问题比较抽象，理论也较多，而且不尽一致，习练者难于把握。但必须清楚，不同阶段对意有不同的要求，千万不能以一盖全，始终不变。

初学者的意念主要是仔细观察老师的示范动作，思考记忆动作的要领、套路的结构。这个阶段强调"注意"，也就是把意注入拳中，通过记忆拳的套路、要领全面掌握拳的实质。这是第一阶段。

第二阶段，拳练到套路熟练、动作规范标准时，就进入了"用意"阶段。这时强调"用意不用力""意守丹田""刻刻留意在腰间""劲断意不断"等。这个阶段对意的要求多，也分不同情况区别对待。

第三阶段，习练者身上出现麻、热、胀等感觉后，意念开始淡化，逐渐意与形脱离，进入"随意"阶段。这个阶段是有意无意阶段，意是存在的，但不刻意，做到随心所欲、"便利从心"。

第四阶段，当内气运行自如，不再用意控制，便进入了"无意"阶段。任督二脉通畅，内气下至于脚，降于涌泉穴，有通达于地的感觉。这时就有步伐轻灵稳健、稳如泰山的感觉。这些都是知觉的反应，是自然的、无意识的，却是真切的、实实在在的。

太极拳好就好在，它能把人带进"自然"，带入"无极"，带回人生的"初始阶段"。

太极拳难就难在，它是客观的，又是主观的，既强调"有意"，又强调"无意"，有意中带无意，无意中又有意，不好掌握，难以理解。这正是太极拳的"阴""阳"之理，正是它的奥妙之处。

第二节　走出误区

误区是指有些不正确、不完全、不准确的地方自己还没认识，还以为是正确的而予以坚持。之所以出现这种情况，是因为对太极拳拳理学得较少，练功深度不够，悟性不高，受到误导。误区不走出，便会在错路上越走越远，泥潭越陷越深，结果是功夫没少下，收获却很小，有的甚至练出了毛病。

容易出现的误区较多，现就几个最易出现的予以论述。

一、只武不文

在太极拳习练者的队伍中，有相当多的人认为，太极拳是武术，"武"是太极拳的唯一属性。现在有越来越多的人把锻练身体作为一项重要目的，他们也是想在练武中强身。由于有了这种武的意识，这些人把提高技击水平、争做武功高手、能够打败别人、战胜对手视为奋斗目标，处处体现以武为核心。其表现是：在练拳脚上下功夫，踢脚压腿练臂力；带着敌意练拳，身旁无人似有人，处处突出一个打字；拆招解势，把原本连贯的拳架分开，研究每个架势的用法；与人比斗，以胜负定优劣、论英雄等。

太极拳是武术的一个门派，提高技击能力是习练者追求的目标之一，但如果把它作为唯一目标或最高目标，那不仅贬低了太极拳的价值，也违背了太极鼻祖和先贤们的初衷。太极拳具有很强的文化属性，它的理论基础是中国古典哲学的阴阳理论，它的拳理拳法与中国文化许多门类的理论息息相关。它自身蕴含着国学和儒、道、释三教文化内容，从创立之始就具有浓郁的文化气息。随着社会发展，它的社会功能越来越突出，其文化属性越来越强，文化功能也越来越大。

练太极拳可以强身健体，这一功能不仅适用于年轻力壮的人，而且适用于年老体弱的人。它只能给人以好的效应，丝毫不会出现负面反应，只要坚持练对人体就有好处。

练太极拳可以磨练人的心性，长期练拳的人能以平和的心态看待一切，以平和的心态处事，以从容的态度看待变化，应对变化，能容拳、容物、容人。

练太极拳可以提高人的意境，使人站得高看得远，心胸宽广，气度非凡，思维无限，眼界无限，不为事故所碍。

练太极拳可以培养人的道德修养，不为名利所囿，不计个人得失，与人为善，和谐处事，谦和待人。

以上这些靠"武"是练不出来的。它们是孕育于武中的文化内涵，必须通过"文"才能得到。"文火"养武是太极拳修炼的重要内容。

文火就是文化修养。太极拳习练者应把提高文化修养作为太极拳习练的一个重要内容，加强对拳理、拳法的研究。多学一些中国传统文化知识，涉猎哲学、艺术、历史、军事、经济等，各个方面的学问都应努力学习，扩大自己的知识面。还要学一些道德修养方面的知识，培养善心，不断提高自身的文化修养。在现代，没有文化修养的人是练不好太极拳的。只武不文，没有文化修养，不能成为武功高手，更难成太极大家。

"武"和"文"是一对矛盾体，同处于太极拳之中。武为阳，文为阴，"阴中有阳""阳中有阴""阴阳相济"就是要武中有文、文中有武、文武兼备。把太极拳只当"武"来练，背离了"阴阳相济"的原则，是不能把"武"练好的。

二、吃苦练拳

练拳是要下功夫的，下功夫就得吃苦，不吃苦就得不到真功，这是武术界普遍的认识。练外家拳的人须遵循这条规律，非下苦功不可。练太极拳若也按这条规律做，那便进入了误区。如果不及时猛醒，恐要越误越深，到头来只是吃了很多苦，却没有得到太极拳的真谛。

太极拳练的是精、气、神，初始阶段是要对形体动作有严格要求，这个阶段规矩最重要。在这个阶段习练者必须下功夫规范自己的动作，有的也需要苦练才能达到目的。但这种苦练和外家拳的苦练是有区别的。比如站桩，外家拳习练是为了锻炼腿的力量，从而提高下盘功力，因而要求桩架越低、站的时间越长越好。太极拳站桩不单是为了提高腿部功力，主要是实现松静，达到气血通畅，从而进入"无极"状态。桩式无需过低，只求入静即可，这种练法不会感到痛苦。太极拳对习练者身体各部位的要求是合于人体形态自然规律的，按这些要求去做只能使人感到更加舒适。如"提顶""涵胸""坠肘""护臀"等，都是让人更加自然顺畅，都是能够得到轻松和自如的。太极拳对所有动作要求最根本的原则是，凡感到不适的、不顺的，都是不正确的，舒适和愉悦是练太极拳的准则。

"苦"对人来说是一种不适宜的强加。越是"刻苦"越容易出现动作僵硬、精神紧张、神意呆滞，不仅不能获得练太极拳的乐趣和应有的健身效果，甚至还会出现因锻炼不得法而损伤身体的现象。

大多数人练太极拳的目的是为了健康，为了得到快乐，太极拳的本质就是如此。当我们认识了太极拳，真正理解了太极拳，完全按太极拳的要求习练，我们就会获得快乐和健康。练太极拳的过程，是使自己的身形与太极拳式、个人的性格与太极拳风格相结合的过程，既要遵循太极的规矩和要求，又要发挥自身的特点和风格。这样我们就会得到"放松时的轻快感，卸掉后的自如感，沉静中的愉悦感"，练太极拳的过程就真正成了一种享受过程。

太极拳要慢练，要找感觉，就是因为练拳是一种享受。就像吃饭一样，细嚼慢咽，仔细品尝。药是苦的，只能迅速吞下去。太极拳是提高生命质量的一种修持方法，一旦学会了，它便成了生活的一部分。练太极拳应该在生活享受的层面得到固定与发扬。以快乐的心态练拳，练拳使你更快乐；以快乐的心态生活，生活使你更快乐。

太极拳是一种卸的功夫，是在做减法。通过长期习练，我们就能把各种没用的东西扔掉；把那些无益的往事忘掉；把所有沉重的包袱甩掉；把一切错误的思维方式去掉；把全部不良嗜好和习惯改掉。从而使我们的心是静的，气是清的，体是松的，愉悦和快乐便会不期而至。

一些初学者，出现了累、乏，个别的甚至出现了疼痛。"名师"告诉他们："这是开始学拳的必然现象，过一段时间，腿上有了功夫，自然就会好了。"初学者在"名师"的指导下，便认为这就是在练拳中吃苦，不吃苦怎么能练出功夫？于是他们咬牙坚持，久而久之，累、乏没有解除，还造成了腿关节疼等毛病，有的不得不告别太极拳。这是练太极拳的悲剧，是在个别"名师"指导下，未能走出误区造成的。练太极拳是寻找快乐，不是找"苦"吃，一味坚持"苦"练的人，是不会从太极拳中得到先"苦"后"甜"的。凡练太极拳吃"苦"的人，应及时转变观念，即刻改变习练方式，有的也要告别"名师"。用正确的思维悟拳，用正确的方法练拳，才能从"苦""痛"中解脱出来，得到太极拳给你的轻松和快乐。

三、老年拳

常常听到有人说："等我退休了学练太极拳。"也常常看到，有了病的人开始学练太极拳。还有很大一部分太极拳习练者，是因年龄大了，练外家拳吃力了，改练太极拳的。有人把太极拳称为"老年拳"，似乎太极拳只适合年老体弱者。这种认识较为普遍。据笔者所居住的抚顺市初步统计，长年坚持练太极拳的有近万人，其中60岁以上者占一半，50岁以上者占80%以上，而30岁以下的寥寥无几，少年儿童学练太极拳的几乎没有。

是太极拳不适合年轻力壮的人习练吗？不是，是太极拳轻、柔、慢等技术特点使人产生了误解，是年老体弱的人和起步较晚的人习练能很快取得较佳效果使人产生了偏见。这种误解和偏见进入了太极拳队伍，便出现了误区，不仅误事，而且误人。

太极拳是通往健康的坦途，它既适合于年长者，更适合年轻人，尤其适合青少年。其实，这个问题先贤们早有论述。老子说："专气致柔，能婴儿乎？"这就告诉我们，太极拳的柔可以使人年轻，直到返老还童，像婴儿一样柔顺。既然练太极拳的目的是为了年轻，练拳可以实现年轻，那么年轻人练拳不是更适宜吗？年轻人精力充沛、气血旺盛、体格健壮，是练太极拳的有利条件；年轻人聪明好学，接受新事物快，不固执己见，更适合太极拳的性命双修；年轻人"悟"性快，敏感性强，更能使太极内功及早上身。总之，年轻人学练太极拳，要比年长者优越得多。那么为什么现在太极拳队伍中老年人多、年轻人少呢？其原因有二：一是，从技击角度看，练太极拳没有练长拳效果来得快。长拳学三招五势便可上阵使用，并能取得明显效果。而太极拳是要十年不出门的，最快也得三年五载。如果练得不得法，最终也不能出手赢人。对于以技击为目的学拳的年轻人，理所当然的选择必然是长拳。二是，从强体健身角度看，年轻人练太极拳没有年长者健身效果明显。老年人，尤其是体弱多病的人，经过一年半载的习练，病情有了好转，体质得到恢复，身体逐渐好起来，从太极拳中获得了健康与快乐。年轻人身体本来是健壮的，练太极拳会使他们更健壮，但他们体会得不那么明显，有的甚至没有体会到，因此，太极拳对他们的吸引力不大也就是自然的了。

由于"老年拳"误区的存在，太极拳似乎成了老年人的专利。其实，太极拳带给人的好处是全面的、持久的，是毫无副作用的，对于年轻人更有益处。

太极拳的技击不是以争胜为目的，它是提高拳理、拳法整体水平的重要内容。从总体讲，它不是为了打败别人，而是为了战胜自己，从克己中提高。太极拳的技击方法不是靠招式赢人，它是靠内力、内功，以柔克刚、后发制人的。它运用粘连黏随技巧，寻求得机得势。它采取"动急则急应，动缓则缓随"的手段，赢得"我顺人背"的效果。这些特点，对于克服年轻人的弱点，发挥其特长都是极为有利的。年轻人学练太极拳更能较快地提高技击能力，而且这种能力具有潜在性、持久性。

从健康角度看，年轻人习练太极拳的好处更多。除了防患于未然，实现"延年益寿不老春"的效果之外，它还能培养乐观向上的生活态度、积极有为的进取精神、不畏困难的工作勇气、谦和待人的朴实作风。这些对于年轻人工作、学习、生活都是极其有用的。年轻人如果喜欢上了太极拳，坚持习练太极拳，那么他就找到了陪伴自己的忠实朋友，这个朋友能帮助他积极、乐观、向上，能成就他的事业，能使他永葆幸福。愿更多的年轻人加入太极拳习练队伍，愿太极拳运动在年轻人队伍中广泛推广，不断普及和提高。

由练外家拳改练内家拳，有人认为需要脱胎换骨的改造。也有人认为有外家拳的基础，练太极拳更有利。到底哪种认识对，尚无定论。从实际看，历史上有不少外家拳武功高手成了太极名家。张三丰开始是练少林拳的，竟成了太极拳的创始人；孙禄堂50岁之前是练长拳、形意拳、八卦掌的，后从师于郝为真，学武式太极拳。他融长拳、形意、八卦、太极精妙为一体，创造了孙式太极拳，为太极花园增添了一束鲜艳夺目的新花。还有好多太极名家也是从练其他拳术改练太极拳的，他们大志晚成，老来得道，是"老年拳"的成功者。

"老年拳"是误区，也是正道。它告诉我们学练太极拳不分先后，起步不分早晚，只要步入正道，肯下功夫，持之以恒，太极功夫就一定能够上身。

四、推手定优劣

目前，在太极拳界有一种倾向，认为推手是鉴别功夫高低的手段，谁能在推手中取胜，谁就功夫深，太极拳练得就好。常常听到有人说："能把对方打倒，那才是真功夫。"于是出现了把推手好作为练太极拳的追求目标，行功、走架等都是为了推手的现象。一些刚刚步入太极拳队伍的初学者，开始就在推手上下起了功夫，甚至有人根本不练拳，专门研究推手。在一些太极拳活动中，也出现了推手比赛，用推手胜负来决定奖牌的归属。

太极拳推手是太极拳习练的一项必不可少的重要内容。它是"由招熟而渐悟懂劲"的重要手段。通过两人搭手，相互推揉，感受外力在自身的作用，锻炼粘连黏随的能力，提高应变的灵活性。其目的是克服自身僵、硬、死、散等毛病，提高内力的整体性、灵活性。这种习练方式由于是两人完成的，便把它当成了斗力比狠的手段，非得分出个胜负不可，这是对推手的一种误解。

太极拳推手是太极拳高层次的习练方式，它既不是比劲，也不是过招，更不是争一时的胜负。它是实现另一种阴阳平衡的方式；是完成"以心行气……以气运身"、调动内气的一种手段；是"掤、捋、挤、按、採、挒、肘、靠"八法在实际中的运用；是身体整体性、灵活性，内力爆发的一种检验。推手的过程就是调整阴阳、动静、虚实、刚柔、快慢等，使其达到平衡的过程。

由于对推手的误解，目前出现了许多千奇百怪的推手现象。

有的好似摔跤，上边扯拽，下边用绊，只要能把对方摔倒，什么招术都使。

有的如同散打，拳打脚踢、肩撞肘拐，只要能把对方打服，什么方法都用。

有的近乎推磨，你推我搡，前拉后拽，只要能把对方弄出圈外，什么主意都出。

对以上种种，不仅内行人看了为之叹息，练其他拳的人或一些未介入武术的人也不屑一顾，称其为"拳击加摔跤"。

真正意义上的推手是太极拳习练的一种方式，是训练的一个过程，同时，也是检验功力水平的一种手段。在推手中必须按照太极理论来进行，要按照十三势的要求去做。通过推手训练，使人的神经系统建立起一种不丢不顶、顺随柔化的反应能力，从而能够做到"引进落空合即出"。明白了推手的目的，就不会再去争强斗狠，以推倒对方为能事，也不会凭借身高力大把对方摔倒为己胜。太极拳是文化拳，处处体现出它的文化属性，文明推手是其显著特点之一。其实，两位太极大家推手，只要把手一搭，便知功夫深浅，何须分个高低上下？太极拳是悠闲的体育运动，它有攻防

自卫的技巧，但是和专门练习搏击散打的运动是有区别的。太极拳是一种文化，是一种艺术，推手也毫不例外地是这种文化、艺术的展示，任何野蛮和粗鲁都不是太极拳应有的风格。

太极拳习练者具备了以下条件方可进行推手训练：

一是，要有正确的动机。

太极拳推手是太极拳习练的一个重要步骤，是一种训练方法，是提高自己的有效手段。推手时，必须以寻找自身毛病、克服自身弱点、增强自身功力为目的。本着知人、学人、帮人的态度，不以胜为喜、败为忧，以良好的心绪、正确的动机、友善的态度与对方切磋，从而实现自我完善。推手是要分出胜负的，但不能以争胜为目的，更不能为此巧用心计，不择手段。树立正确的推手观，是练好太极拳的必要条件，也是检验习练者品德和风格的"试金石"。

二是，要有一定的理论基础。

推手是高层次的太极拳习练方法，更需深层次理论的指导。太极名家徐震在《太极拳发微》中说："宁循理以求精，莫越理以争胜。"推手的过程是把拳理、拳法落实于实践的过程，是理论与实践相结合的过程，也是检验习练者理论水平高低的过程。"掤捋挤按，採挒肘靠"是推手过程中的八种手法，如果对"八法"理解不深，生搬硬套，在推手中必然出现死拉猛拽的现象。"偏沉则随，双重则滞"，在推手中出现顶牛，就是"双重之病未悟耳"。目前，在推手中出现的"千奇百怪"现象，就是因为推手者对其理论学得不够，悟得不深，或未能把理论运用于实践所造成的。

三是，要有多年的练拳功底。

推手是太极拳全部功力和技巧的运用，一个初学乍练的人是不能进行推手训练的，至于没练过太极拳的人就更不能妄谈推手了。推手要做到周身一家，虚实分明，引进落空，粘连黏随，运气自如，知彼知己等，这些功夫是需要多年拳功训练才能获得的。一般来说，没有三到五年的练拳实践，是没有资格进行推手的，如果硬推，也是名为推手实为较力。

推手是要有内功基础的，所谓"力不敌法，法不敌功"，有了一定的内功基础，然后再练习推手，才能做到周身混元一家，内气充盈饱满，胸腰折叠应心，脚步进退自如。

一个真正的太极高手，沉稳、大度、从容的风范在推手中是要有突出体现的。他们"不主动搏击""以静制动""以柔克刚""舍己从人""无为而无所不为""不以大欺小，以强凌弱"，这种高尚的文化素养，在推手中是要表现得淋漓尽致的。

四是，要有志同道合的良师益友。

推手内容极为丰富，技术极为复杂，变化较多，对身体内外各部要求十分严格，而且层次较多，永无休止。这就需要有老师经常的指教，只有在明师的不断教诲和帮助下，才不会走弯路，才能把练拳的功夫在推手中发挥出来，才能通过推手训练，使自己的拳功更为缜密。

推手是两个人共同完成的一种训练，需要有益友配合参与。这种益友应该是互为了解的，互相尊重的，志同道合的，配合默契的。在推手中你来我往，你进我退，知彼知己，心有灵犀。他们不以你胜我败定优劣，也不以你赢我输为荣辱。推手使他们更和谐，友谊更深厚。

五、下功夫

在武术界，人们往往把武术高强的拳师称为有功夫。功夫是时间的积累和能力的强大，而能力大是以时间的积累为前提和基础的。所以，习拳者要提高自身武功能力，都是要在时间上狠下功夫的。时间与功夫在一般情况下是成正比关系的。正因如此，才出现了"下功夫"的误区。

太极拳是人体运动，人体是生命体，生命是有自己的运行规律的。要提高生命质量和能力，除了下功夫之外，还有自然再生长的过程。太极运动不同于工厂的生产，通过加班加点、延长劳动时间，就可生产出更多的产品。它应如同农民种地，只要土质优良，有充分的水分和肥料，再加合理的管理等因素具备，农作物就会自然茁壮成长。一个有十年太极拳习练功夫的人，尽管他每天只练一遍拳，无论什么人，想每天练十遍拳，在一年之内功力赶上前者，那是无法达到的。这是因为人的身体变化是要靠自然生长的，下功夫要顺其自然，合于人身生长的变化规律。太极拳是内家拳，它是通过肢体运动练精、气、神的，是通过训练增强内气、内力的。不下功夫不行，但更强调顺其自然，更必须合于规律。功夫下得要适度、适时、适人。

适度，就是掌握好下功夫的量。功夫下得不够是不行的，下得过多，超出了承受能力也是不可取的。欲速则不达，凡事不能急于求成。"太极拳十年不出门"是经过历代拳师总结出来的经验，虽经主观努力，可以提前出门，但就大多数人而言，没有十年八年的形体习练，不经长时间对人身生理发展的合理疏导，是不能很好掌握太极拳行功走架功夫的。太极拳的功夫是指多年的积累而形成的高超内功、内力及技巧，而不是在单位时间内吃了多少苦，挨了多少累。每天练几趟拳为好，下多大功夫为益，是要有分寸的，绝不是多多益善。过少更是不行的，把握这个度本身就是一种功夫。太极拳习练难就在于它不能千篇一律，更不能"以一变应万变"。它是随机的、适度的，是必须合于自然变化的。笔者学拳时，师傅常说："各阶段有不同的教法、练法，有不同的技术要求，须循序渐进。"有的师兄弟没能理解师傅的意思，背地里猛"下功夫"，企图提前达到师傅的要求，结果，适得其反，走了弯路。太极拳要求性命双修，磨练心性，需靠平日的积累和修行，靠通过学习提高文化素养等，这些都是需要在适度的情况下来完成。

适时，是避开下功夫的不良时机。如果说适度是要合于自身规律，那么，适时就是要合于外界自然规律。有人"冬练三九，夏练三伏"，还有人在人声鼎沸的喧闹中练拳，以提高适应能力，这都是不可取的，不能获得好的练拳效果。人的生理变化是有规律的，这种规律和自然的变化规律应协调一致。练太极拳处处讲与自然和谐，试图达到"天人合一"，违背了自然规律，功夫下得再大也是徒劳的。

自然界的寒暑变化、黑天白天变化、十二时辰的变化，以及风雨湿潮等对人身体的影响极大，人不能改变它，只能适应它。适应了身体就健康，心情才愉悦，反之，对人身体就会带来伤害。练太极拳是为了健康，必须在适应外部环境的情形中下功夫。适时不单是让人抓住时机，而且是让人避开不良时机。只有在好的环境中，在"天人合一"的条件下练拳，才能取得事半功倍的效果。

适人，就是适合人的自身状况。每个人都有自己的身体条件，练太极拳要根据自身的状况下功夫。年轻人和老年人，身体健康的人和体弱多病的人，初学者和有多年习练实践者，各自的情况不同，必须区别对待。

高明的老师，高就高在因人而异、因材施教。他会根据学员的不同情况，有针对性地指导其学练。要想真正练好太极拳，必须采取一对一的教学方式。那种一人在前边教，一群人跟在后边学的方式，是永远也不可能学好、练好太极拳的。

　　作为学者更应根据自己的体质状况，根据自己的性格特点，根据自己的学练进度，按照自己的情况下功夫、用气力。要向老师提与自身特点相关的问题，不要人云亦云，更不要跟在别人后面亦步亦趋。自己功夫下的大小，要以不超出自身承受能力为标准；自己功夫下在何处，要以能克服自身毛病、较快提高内功、内力为佳。

图30　退步跨虎　中正安舒

　　功夫是上身的本领和能力，"太极功夫"上身是要靠下功夫的。如下功夫的方法不当，也会耽误功夫，甚至损伤健康。太极拳习练者应在长期的习练中找到"真功夫"，而且要真下功夫，下"真功夫"。

第三节　克服五病

太极拳是一项要求十分严谨的武术运动，各方面都需做得规范。有些初学者，或者有些对拳理研究不深的人，习练过程中出现这样或那样的毛病，如不及时纠正，势必造成枉费功夫，得不到太极真传。练拳出现毛病，有心法和功法方面的，这里暂且不议，主要讲身法方面的有误之处。

练拳中，身法方面容易出现的毛病很多，下面仅就常出现的五个问题予以论述。

一、低头

头是人体最重要的部位，它有人最重要的脑器官，统领全身。太极拳最重视对头部的规范和训练。《拳论》中"虚领顶劲"就是要求头部要向上虚领。历代太极大师都是把头部训练的正确与否放在教拳和学拳的首位。在武禹襄的太极理论中，多处对头部提出要求："精神能提得起，则无迟重之虞，所谓顶头悬也。"他的身法八要第一要就是"提顶"。练太极拳如果头不正，其他做得再正确，也不可能把拳练好。

头最容易出现的毛病就是低头。低头是人们生活中的习惯，因为人的大多数活动都是低头进行的，时间久了也就成自然了。初学者由于紧张，眼睛总是向下看，也是低头的一个原因。还有习拳者，把下颌收得过紧，形成了低头的程度。头低了，神就提不起来，练拳就会萎靡；头低了，注意力不易集中，心静不下来；头低了，身体不能中正，动作不协调。低头带来的弊端很多，是行拳的第一大忌。要做到不低头，使头部姿势正确，

需从以下几个方面把握。首先，百会穴自然向上，有向上微顶之意，使其与会阴穴形成的直线始终与地面垂直。其次，双目平视前方，看到远方一半天，一半地，仿佛是一幅太极图。有人练拳眼不离手，这也是不完全正确的。要看手的位置，当手在正前方时，用眼领手进行阴阳转换也是可以的。切记不管眼睛向前看还是看手，都不能呆滞。再次，下颌微收，但不能过，使喉头不抛露，保持自然状态，这样时间久了，头部就会出现自然上顶的感觉。

头既不能低也不能仰。头部低垂，颈前受压，呼吸受阻，血液循环不畅，导致精神不振。反之，头部上扬，则会使颈后受压，内气只能回旋于夹脊与尾闾之间，而不能贯通玉枕，三关不通，则颈项酸痛不适，头部发憋、发胀，甚至眩晕。使头部中正、不低不仰的一个简单、易行的方法是"后脖颈微蹭衣领"，这样可使颈项松弛，微微旋动着向后轻贴衣领，久而久之便成了习惯，颈项就会自然竖起。

二、夹臂

人们练拳时通常只注意沉肩，这样往往使两臂在下沉的同时紧贴肋部，出现了夹臂的形态。夹臂造成不良的后果十分明显：它使双肩死滞，不能"活如车轴"，从而造成两臂和身躯不能形成一个整体，动作不能协调一致。夹臂使肩井穴受阻、经络不畅，脉不通，气血很难达于指尖。夹臂还使拳架干瘪、不饱满，极易受制于人。

纠正夹臂的方法是用气将双臂掤起，使双臂与身体保持一拳的距离。这种身法杨式太极拳称之为虚腋，武式太极拳叫护肫。

关于虚腋，杨式太极先师杨澄甫所传秘法是"腋下夹着两个热馒头练拳"。既不能夹得过紧，又不能夹得过松，要保持若即若离、恰到好处的虚拢状态，使肩和臂保持在松开的同时又相合的那种寓对立于统一之中的奇妙腾虚劲势。盘拳架时，始终想着两腋下如同夹着热馒头，则两肩、两臂的内气自然腾然畅行，长期习练虚腋便能习惯成自然。

　　护肫是武式太极拳对习拳者肩臂的规范。它要求双臂掤开，与身体保持一拳距离，两肘护住两肋，保护好自己上半身。同时可使内气含于己身，上下畅流，丝毫不予阻滞。这样既能身法灵活，又觉上腹畅快。长期保持这种练拳姿态，可增加内力，增进五脏健康。

　　不管是杨式太极拳的虚腋，还是武式太极拳的护肫，都是针对夹臂提出来的。要避免夹臂，关键是会用掤劲。要使两臂不夹，用力去撑是不行的，这样易使肩与臂的连接处死滞，影响气血畅通，还易劳累出现酸痛。只有用气轻轻掤起，才能既灵活又持久。

三、弯腰

　　这里说的弯腰主要是指上身前倾。这个毛病在习拳人中是屡见不鲜的，好多人练了几十年都未能将其克服掉。主要原因有三：其一，拳架过低，为了保持平衡，上身必然向前倾斜。其二，臀部外凸，使得会阴穴与百会穴连线不能与地面垂直。其三，其理不明，认为前倾是练拳的正常身形，是五张弓的一种。

　　太极拳对腰的要求是非常严格的，讲身法主要是讲腰。这是因为腰是全身的主宰，腰形不正确，全身运行就不可能规范。王宗岳的《太极拳论》"立如秤准，活似车轮""不偏不倚，忽隐忽现""十三总势莫轻视，命意源头在腰隙""刻刻留心在腰间，腹内松静气腾然"，都是强调腰的重要。武禹襄说得更形象具体，"心为令，气为旗，腰为纛""立身中正安舒，支撑八面"。先贤们的名言，为后人行拳掌握好腰的

要领指明了方向。

行拳中要始终保持立身中正，既不前倾，也不后仰，使百会穴与会阴穴连成的直线始终与地面保持垂直。无论是进步还是退步，左移还是右移，都是平送腰胯。上身不能前后、左右摇摆，膝、腰、肩平行移动，协调一致。立身中正可以使身体平衡，站立更加稳固；可以使气流顺畅无阻，心气和肾气更容易交于丹田；还可以使肩胯配合灵活，协调一致，达到周身一家。长年修炼，还能起到预防老年腰弯背驼、调治胸背不适等作用。

弯腰是练太极拳之大忌，每一个太极拳习练者都应予以重视，在初学阶段就应把握好其要领，按着正确的方法行拳走架，不然形成了身体前倾的习惯，就很难纠正了。

四、凸臀

凸臀的毛病在习练太极拳的队伍中是常见的。其表现有两种：一是臀部没能收回，身体前倾，立身不能中正；二是臀部外凸，为了不使上身前倾，腰向前挺，命门穴凹了进去，后身成了一张向里塌的弓。这两种情况都是无益的，尤其是后一种，害处更大。前者立身不能中正，也就得不到安舒的习拳效果。后者形成腰骨扭曲、紧张，松不下来，内气受阻，任督二脉不畅，长期照此习练，不仅伤外，还能伤内。

"尾闾中正气贯顶，腹内松静气腾然。"王宗岳《十三势行功歌》中的这句话，就是指行拳中不能凸臀，而要尾闾中正，这样才能使任督二脉畅通，气可下达丹田，并可鼓荡元气上升夹脊、玉枕而后周流全身。同时，由于臀不外凸，可使肾气向上，与下行的心气相交于丹田，实现心肾相交。

武式太极拳对臀部要求极为严格，被列为身法八要之一，即"护臀"。闫志高创新了"身法八要"，把老"八要"中的"护肫"改为"护臀"。这一字之差开创了行拳走架的先河，使武式拳立身更为中正，上下更为连贯，肩胯更为一致，变换更为灵活。"护臀"成了武式太极拳独具特色的练功方式，并取得了极佳的行拳效果。陈、杨、吴、孙等各式太极拳都对臀部提出了要求，无论用什么表述形式，都以臀不外凸为基本要求。

　　"护臀"是身法八要的重要一项，它和"提顶"共同构成立身中正，要做得好须下一番功夫。首先，身体下蹲同时"护臀"，加大了腿的承重量，初练者是很难持续较长时间的；其次，"护臀"的同时要双胯放松，技术要领难以掌握；再次，"护臀"是使会阴穴前送，但不能太过，过了容易造成身体后仰，这个分寸不易掌握。"护臀"做好，凸臀的毛病也就克服了。太极拳习练者从开始学拳对此就应予以重视，并坚持始终将它当成一项重要要领来练。久而久之，习惯成自然，也就不觉得难了。如凸臀成了习惯，再改可就难上加难了。

五、撇脚

　　太极拳名曰拳，脚往往被一些习拳者忽视。其实，脚在太极拳的习练中是至关重要的。老子在《道德经》中说："九层之台，起于累土，千里之行，始于足下。"太极拳的根在脚。武禹襄宗师说："其根在脚，由脚而腿而腰。"吴图南大师对脚的作用论述更为详细，他说："足在全身之最下部，为全身之根源。足动，则全身动，足停则全身停。故练习国术者，应注意足之所在地，然后方能定攻守之计划。且步法敏捷，身法活泼，进退得体，攻守得当，因故变化，以示神奇，皆在足之一举一动。"

太极拳的所有动作，各种功夫都离不开脚，脚下功夫不深，就不可能有太极真功，脚下出了毛病，就不可能把太极拳练好。

脚最容易出的毛病有三种：一是双脚同时用力，也就是身体重心同时放于双脚，出现了"双重"；二是"五趾用力"，脚部各关节不能放松，气难于沉到底；三是双脚之间形成的角度不合适，出现了扣脚或撇脚现象。

前两种人们较为重视，有关论述颇多。这里只就第三种，也就是撇脚予以阐述。

脚下的尺寸及双脚形成的角度关系到身形的中正安舒。有人练拳脚下没有准确的方向，也没有按拳理规范的位置出脚、用脚，双脚距离不是过远，就是过近；双脚形成的角度不是过大，就是过小，造成了身形扭曲不稳，动作死滞不活，更有甚者是伤其筋骨。有些人练拳时间长了，出现了膝关节疼痛，找不到根本原因，只认为蹲得过低、关节负重过大引起的。有的"名师"也这样教导子弟，并让继续这样下功夫练，说待腿上有了力量就好了。结果时间一长，病形成了，很难治愈。不少练太极拳半途而废的人，就是吃了"名师"的亏。其实，练拳引起腿关节疼痛，拳架过低，双膝负重大，是其中原因之一，但不是主要原因。主要原因有二：一是，双脚形成的角度不当，造成了双腿蹩劲，引起双膝不适，长此以往，病痛成矣。二是，由于角度不当，没有做到"步随身换"，身体转换，脚未随之转动，使大腿与小腿拧劲。开始只是感到别扭，时间长了形成习惯，虽不感到别扭了，却已埋下了伤其膝盖的祸根。若无"明师"予以纠正，势必形成双膝疼痛的恶果。

可见撇脚之病危害极大，不能不引起重视。正确的脚下功夫应该是：双脚不能同时负重，一虚一实；前脚尖朝向一般应与身体所朝方向一致，后脚与前脚形成的角度应在30°左右，以不感蹩劲为准；重心转换时，双脚要同时随其转换，而且双脚的角度保持不变；"劲由脊发，步随身换"，双脚与身体运行保持协调一致，脚尖（指前脚尖）、膝尖、鼻尖朝向一致，并形成一线与地面垂直。太极拳的脚下功夫很深，对脚的要求也很多，做到了以上几点，撇脚的毛病基本可以得到克服，从而使拳架工整，运转灵活，脚下轻松，气沉于根。

脚是人身的根基，练拳先要练脚，有人甚至把太极拳称为"太极脚"，就是强调脚的作用之重要。因此，练拳者脚是不容出任何毛病的。要实现此目的，第一，重视脚的作用，把对脚的训练放到重要位置。第二，要有"明师"指教，及时纠正自身的毛病，规范练拳动作。第三，要学理、明理，并在实践中悟。其实，任何习练太极拳不当的原因都可以在《拳论》中找到，只是悟得不够，还没弄明白。比如撇脚，就是由于双重和步没能与身同时转换引起的。只要我们遵照《拳论》所说"偏沉则随，双重则滞""率皆自为人制，双重之病未悟耳""力由脊发，步随身换"，严格按拳理训练，这种毛病就不会出现。

图31 转身摆莲 周身一家

第十二章 发展趋向

第一节 练意为本

凡习练太极拳的人都知道，练太极拳要用意，其实太极拳练的就是意。太极拳的真正功夫不在拳，在意，拳是意的表达形式，意才是拳的实质内涵。太极拳在得此名之前曾叫意拳，现在也被称为意识体操，就是指太极拳是练意的。

练意是太极拳的独到之处，也是太极拳区别于其他武术门派的主要标志之一。按通常认识，拳是第一性的，意是第二性的，意为拳服务。练太极拳则不然，意是第一性的，拳是第二性的，拳为意服务。树立了这种观念，才真正树立了正确的太极观，才摆正了练太极拳的本末关系。这种太极观不是学拳伊始就能树立起来的，它是在习练过程中，随着功力的不断提高，对拳理拳法理解的不断加深，思想观念的逐渐转变而形成的。

初学者都是从练形开始的，这个阶段如学写字的临摹，一招一势，都要认认真真地模仿，力争把每一个姿势练正确。这个阶段练的是拳，"规矩"最重要。经过长时间的严格训练，形体动作基本到位，具备了一定的身法，开始有了气的感觉。随着这种感觉的不断强烈，便进入了以练气为主的阶段，这个阶段"气度"最重要。随着功夫的不断加深，形体的变化和气的运行由自为进入了自在的阶段，意念从有意经过随意到了有意无意阶段，练意也便开始了，这个阶段"意境"最重要。武禹襄讲的"以心行气，以气运身"，是指拳练到一定程度，一切由心来主宰，是太极拳习练者的一种回归。而太极拳的练法是按"练形生精，练精化气，练气还神"的顺序进行的，每个阶段都不能超越。练气还神就是练意，因为意是神之用，神的作用都是由意来实现的。心、神、意从某种意义上讲是一体的，虽然有区别，但都属思想和思维的范畴，是精神。

太极拳强调的是"性命双修"，把练形和练意提到同等重要的位置，这是从总体上讲的。练拳的不同阶段应各有侧重，开始以练形为主，往后以练意为主。练的时间越长，功夫越好，越应把练意放在首要位置。真正的太极大家不单是一个武功高强的人，而且是一个气度非凡的人、从容高雅的人、品行高尚的人，这种非凡和高尚是通过练意获得的。

太极拳自诞生之日起，凡太极高人都特别强调练意，并在实际中践行练意的思想。张三丰指出："意者，神之使也。""学太极拳为入道之基，入道以养生定性、聚气敛神为主。"敛神即是练意。王宗岳《太极拳论》中强调："由招熟而渐悟懂劲，由懂劲而阶及神明。""神明"是知别人所未知，见别人所未见，也指的是意。这句话就是强调懂劲后再经过长期习练，逐步达到意识上的高度敏感和灵活，是练意的高层次阶段。武禹襄对练意说得更明确："意气须换得灵，乃有圆活之趣。""心为令，气为旗，腰为纛。""先在心，后在身。""全身意在蓄神，不在气。"这些对意的作用和练意的重要性都说得十分明确。先贤们的论述，经代代相传，并在实践中得到检验。练意是太极拳的第一要务，凡认识了这一点并付诸实践者，就能收到预想的效果。凡没有认识，一味在形上下功夫的人，必然是事倍功半，得不偿失。

练意不是让你在那里空想，练意是有内容的，这个内容就是行拳套路和功架。不管何式太极拳，也无论招势长短，所有的架式都有一定的攻防意识和健身作用，同时还必须具备意的定位原则。如搂膝打掌，它要求一只手防住对方进攻的拳脚，另一只手击打对方的上身，使自己立于不败之地。平时习练以腰为主宰带动全身，周身上下灵活一致，内外都得到锻炼。这些动作都是在思想的支配下进行的，是意的作用和反应。同时还要通过用意来弄明白，搂膝打掌名称是什么意思，有什么作用，有哪些潜在的规则等一些深层次的习练要领。用意支配练形，练形反作用于意，意专形正，形正意安。在意的支配下拳形要规范、到位、正确。而长期规范、到位、正确地行拳走架，就会逐渐地得到心静、神聚、意安的效果。意不是行拳的架势、套路的结构、动作的要领，意念是一种感悟、一种思想，它对动作、要领、结构起引领作用。正确的意念必然带来好的行拳效果。意念集中了，周身才能放松，肢体才能协调，内气才能贯通。"心与意合，意与气合，气与力合"，内三合突出强调的是气和力都要与意相合，否则气和力就无有统师，就失去了方向，便无所适从。意、气、力三者意是第一位的，是起主导作用的，力和气从属于意，在意的驱使下起作用。

练意的前提是用意。"用意不用力"，既是讲"用意"，也是强调练意。意在用中得到修炼和完善。用意大致可分四个阶段。

第一阶段，意念主要放在肢体上。要仔细观察老师的示范动作，思考记忆动作要领、套路结构，个人习练要想到手脚练得是否到位，动作要领是否正确，务求每个动作、姿势都要合乎标准。

第二阶段，意念主要放在腰上。要以腰为主宰带动全身，做到以腰为轴，一动无一不动，周身一家。这一阶段是练身法阶段，必须做到"刻刻留意在腰间""命意源头在腰隙"。在腰的带动下，动作力求连贯。在定势时，动作略有停顿，劲似乎断了，但要做到"劲断意不断"。瞬间的停蕴含着下一个动作的开始。意念是绵绵不断的，是始终如一的。

第三阶段，意念主要放在丹田（下丹田）上。拳练到套路纯熟、动作规范标准、周身一致的程度后，再经过一段时间的习练，手上会出现麻、热、胀的感觉，而且逐渐遍及四肢，这是初步有了内气的感觉。这时要时刻想到丹田，经过一段时间的习练，内气开始注入丹田，丹田充实饱满。"气沉丹田"是从这个阶段开始的。

第四阶段，意念主要放在脚下涌泉穴，也有遍及周身的说法。主要是指以意导气，使丹田气下行降于涌泉穴，有脚下生根的感觉。也可在意念的作用下，把气贯注全身，使周身都有气感，这样即可达到步履稳健，周身轻灵。

意是在用的过程中得到习练的，用得正确，练的效果就好，关键是要有练意的理念。只强调用意练形，看不到形对意的反作用，不注重习形练意，就没有练意的主动性和能动性，便不会有练意的最佳效果。

练意的关键是习练和逐步掌握用意的分寸。意不可不用，但不能用意过大。用力过大伤身，用意过大伤心，伤心比伤身的危害更大。因此，习练者千万不要从用力的极端走向用意的极端。正确的用意方法应该是，从用意开始，逐步做到随意，再经过有意无意的阶段，进而达到无意，也就是完全进入顺其自然，这便是在意念上的"天人合一"。要实现这一目标很不容易，主观上要努力，但切不可去苛求，要在明理的前提下顺其自然。

练意的最大误区是动意。初学者往往认为练就得动，练身是通过动来实现的，练意也要动才能达到目的。岂不知练意和练身的最大区别就在这个"动"字上。动意是练意的最大障碍，凡动意即产生杂念、妄念、好胜心、不必要的顾虑等，这些都是心不静的表现。有了这种表现，练拳则不能"沉着松静"，推手则不能"舍己从人"。意念是活动的，不能死滞，

意动不同于动意。太极拳的意念活动是有序的、专一的、灵敏的，是和形体产生互动变化的。这种意念活动是修炼太极功夫的方式，是实现性命双修的重要渠道。如果没有这种意念功夫，太极拳和其他单靠力及技巧为主的武术拳种就没有区别了。

练意是为了挖掘人的潜意识，即开发人的智力，把人所具备的智慧、精力、聪明最大限度地开发出来。意念是客观存在的，它是存在于人头脑中的一种能量，这种能量的大小是由人心神健康状况决定的。这种能量运用的好坏和作用发挥的程度，是靠挖掘人的潜意识来实现的。挖掘这种潜意识是一种功夫、一种能力，需要长时间地习练才能获得。这种功夫的获得不是像练身形的方式去动，去实地操作，它是一种独特的方法，这种方法是太极拳独有的。第一，要有练意的理念，要把练意放在优先的位置，时时处处都有意念的存在。第二，意念要专注，太极拳所强调的"拴心猿、锁意马"，就是要求意不离形、不离身。第三，意是无形无相的，初始意随形走，到了一定程度就应形随意变。《授秘歌》所言"无形无相，全身透空，忘物自然，西山悬磬"，就是指要意形合一，忘物自然。第四，意念要由重变轻，逐渐淡化，切不可越练越重。这个度是很难掌握的，只要不去苛求，顺其自然，感到心里非常坦然，身上特别舒适就可以了。第五，太极拳练意是实现意动和内动一致，进而达到"静中触动动犹静"。这里头一个静是指意念，由意念的静，也就是心静来实现内里的动，即静中求动。后一个"静"是指内里，由意念和外形的动带来内里的静，即"动中求静"。这些是意念和内里协调一致达到的效果。这种效果不是强求的，是功夫慢慢积累而实现的。第六，也是最重要的一点，就是要有愉悦的心态。太极拳是求乐的运动，习练中会产生一种清爽舒适、悠闲自得的喜悦。面容自然、内含微笑，久而久之就会达到"得意忘形"的好效果。

练意不能只是在习拳的时候，日常生活中处处应把练意摆入议程。如能把太极拳的练意融入日常生活，不仅可以提高我们的生活质量，同时还可提高太极拳练意的效果。我们学太极拳、练太极拳，却不能把太极拳看得过重，要把太极看淡了，不刻意去追求。先把拳看轻，才能练得更厚重，这样才能获得得更多、更实际。这种态度带进了日常生活，我们就能"举重若轻"，不被生活所累，轻松地、恰到好处地处理好各种事务。任何事情都不要看得过重，但也不要看得过轻，在战略上、在大方向和定位上要"举重若轻"，在具体问题和各种细节上要"举轻若重"。有了这种意识和能力，就树立了处世的"太极观"和办事的"阴阳法"。

太极拳通过练意挖掘内部潜意识的重要手段是"内求本具"。表现在日常生活中，就是要求遇事从自身找原因，靠自身努力去处理好各种事务。凡事都埋怨别人、强调客观，不是太极人应有的为人处世风格，如果这样也是绝对练不好太极拳的。因为他们不懂得"内求本具"的实在含义，或者忘记了练太极拳对日常生活的真正意义。把"内求本具"运用于实际中，就找到了日常生活如何处理和解决问题的最好办法，也寻觅到了太极拳练意的有效途径。

"为"是一种意识，"无为"也是一种意识，如何处理好"为"与"无为"也是练意的重要方式。"无为"就是没有妄想、没有企图、没有不切实际的追求，一切都在自然中。在自然中进步，在自然中提高，在自然中实现自己所要的"为"。如果一时实现不了，也不要急躁，不要刻意去争，要把"无为"变成达到"为"的一种手段，而不是把"为"作为手段去努力拼搏，去达到自己所谓的目标。如果用"为"作手段，那么最后的结果只能是"无为"。

老子说"无为而治"，又说"无为而无不为"。人的意要在运用"为"与"不为"中习练，人的意境也要在其中得到提高，人的潜意识更

需要在这里得到挖掘，练太极拳是最好的手段之一。日常生活所遇的事更多、更复杂，更需要合理对待和妥善处理。把练太极拳和日常生活融为一体，我们的意就会练得更好，更有普遍性和针对性，更能取得上佳的实际效果。

图32　弯弓射虎　蓄劲似弯弓

第二节　与时俱进

太极拳是变化的，是发展的，与时俱进是它的属性和特点。这种属性和特点有三个方面的突出表现。

一、拳式的发展和进步

太极拳由诞生之日至今已有三百多年的历史。三百年来，随着历史的前进、社会的变革，太极拳也在日新月异地发展和进步。

太极拳自张三丰创始之后，经陈王廷等人的代代传播，到陈家沟陈长兴时代，已形成了既有理论基础，又有实践和实际内涵的武术风格，成为独具特色的武术门派，后来又根据其内涵的风格和特色定名为太极拳。后人把以陈长兴为代表的陈家沟所演练的太极拳称为陈式太极拳。

杨露禅自陈家沟陈长兴处学习陈式太极拳，在几十年的实践中潜心研究，突出绵、柔、松的太极特色，创造了杨式太极拳，使太极拳的艺术价值更浓了。

武禹襄从赵堡陈清萍处学习陈式太极拳，后又与杨露禅学习研究杨式太极拳，以王宗岳的《太极拳论》为理论依据，把陈、杨两式太极拳有机结合，并注入了文化内涵，创造了武式太极拳。武式太极拳的诞生，从理论和实践的结合上，把太极拳推进到一个新阶段。

孙禄堂从师于武式太极拳第三代传人郝为真。在此之前，他已是赫赫有名的武术大家，他的形意拳、八卦掌功夫已到炉火纯青的地步。学习武式太极拳之后如虎添翼，他融太极、形意、八卦为一体，集中各自特点，创造了孙式太极拳，为太极拳的技击特色、艺术和文化内涵又添了新内容。

全佑是吴式太极拳的创始人。他先随杨露禅学拳，后拜杨班侯为师，深得杨式太极拳之奥妙。经全佑及其子吴鉴泉两代人的改进润修，形成了独具特色的吴式太极拳。动作端庄典雅，紧凑舒展，刚重柔化，不仅技击功效显著，而且健身效果极佳。

以上是被武术界推崇，并被国家体育组织认定的我国五种传统太极拳。这五种太极拳每一式的出现，都推动太极拳向前发展，标志着太极拳进入一个新阶段。同时，在新式太极拳出现和发展的过程中，老式拳也不断地发展和提高。新式继承老式，老式吸纳新式，新老拳式齐头并进，

共同提高和发展。古老的陈式太极拳，经过十几代祖师的努力，各种技能不断发展提高，仍然不失太极鼻祖之风雅，备受武术界的青睐和推崇。冯志强创始的陈式心意混元太极拳，早已走出国门，成为风靡世界的中国武术。它标志着陈式太极拳仍保留独领风骚的历史地位。

近几十年来，尤其是改革开放以来，太极拳的发展是空前的。心意太极拳、水性太极拳、太极扇、太极球等的出现，使太极运动不仅得到了普及，而且在此基础上得到了提高，这是其他任何武术拳种都无法比拟的。随着历史的发展、社会的进步、人们物质文化需求的提高，还会有更多的新的太极拳式出现，太极拳与时俱进的属性决定了它的变化和发展是永无休止的。

太极拳的功力是"仰之则弥高""进之则愈长""其大无外"的，无人可以终止，无人能够穷尽。从陈长兴到陈发科，从杨露禅到杨澄甫，从武禹襄到郝为真，各式太极拳一代胜似一代，技击能力日益提高，拳理、功法渐趋巧妙。太极拳已成为一种近乎完美的技击功夫。

在冷兵器已成历史的今天，太极拳顺乎历史潮流，健身功能、文化艺术价值成为其发展的主流。它成为了惠及社会、造福人民的健身体育运动，从而充分展示了它的生命力和广阔的发展前景。

太极拳与时俱进的属性还表现在习练的渐进性。练形生精、练精化气、练气还神、练神归虚、练虚合道。阶段性的进步，永无休止的进取特色，使太极拳习练者可以获得取之不尽的太极功夫。好多外家拳习练者进入老年，便力不从心，功力下降，而太极拳习练者却是越老习练的时间越长，功夫越深厚。"耄耋御众"是太极拳所独有的。练太极拳不分长劲，只要坚持练，功力就会不断增长，这是与时俱进特色在每个习练者身上的体现。有不少初学者，他们对太极拳与时俱进的属性理解不深，只是在多上用功夫。拳式学得多，套路练得多，器械会得多，结果只能在一个层面上徘徊，不能使自己的功力不断提高。

二、拳理的发展和提高

从张三丰的《祖师遗论》到王宗岳的《太极拳论》，再到武禹襄的《十三势用功心解》，是太极理论三个发展阶段，也可称为太极理论的三个里程碑。

太极拳创始人张三丰对太极拳的贡献是多方面的，尤其是理论贡献更为突出。他指出，"盖欲天下英雄豪杰，延年养生非徒技艺之末也""是技也，一招一势，均不外乎阴阳，故又名太极拳""太极拳者也，其静如动，其动如静。动静循环，相连不断，则二气既交，而太极之象成"等，他的这些理论不仅为太极拳定了名，而且为太极拳提供了理论基础。

王宗岳的著作不多，至今流传下来的仅两篇，一篇《太极拳论》，另一篇《十三势行功歌》，仅此两篇，却把太极理论推向了一个新的高峰。"太极者，无极而生，动静之机，阴阳之母也"，这一精辟论述是对太极拳的最恰如其分的定义，是所有太极理论的精髓，是指导太极拳习练的最基本的理论指南。王宗岳提出的"由招熟而渐悟懂劲，由懂劲而阶及神明"，为太极拳习练者划分了三个层次，被后人称为"太极三乘"，为习练者指明了努力的方向。在《十三势行功歌》中，王宗岳提出了"若言体用合为准，意气君来骨肉臣，详推用意终何在，益寿延年不老春"，为太极拳习练定了调，既指出了习练方法，又提出了习练的最终目的。

秀才出身的武禹襄，他的太极理论著作颇多，不仅有基础理论，而且有实用理论。他的《十三势用功心解》被称为太极之《离骚》，是太极拳习练者必读的佳作之一。"以心行气，务令沉着，乃能收敛入骨。以气运身，务令顺随，乃能便利从心……发劲须沉着松静，专注一方；立身须中

正安舒，支撑八面……气以直养而无害，劲以曲蓄而有余"等，这些脍炙人口的佳句，早已是太极拳习练者牢记在心的名言。《身法八要》即"涵胸、拔背、裹裆、护臀、沉肩、坠肘、提顶、掉裆"，不单是武式太极拳的行拳准则，而且是所有练太极拳的人共同遵守的要领。

武式太极拳被太极拳界誉为文化拳，它的代代传人大多是出身于文化世家，每代传人不仅继承先人的拳技、拳法，而且都有新的发展和提高。

第二代宗师李亦畬，他是清代的举人，对太极拳的理解极为深刻。他继承了武禹襄的全部太极拳理，并创造性地推出了《五字真诀》"身备五弓"《四字秘诀》《六气歌诀》等一系列太极拳理论论述，这些论述对太极拳的习练和发展起到了巨大的推动作用。

第三代宗师郝为真，是武式太极拳广泛传播的第一人。他武功深厚，又有极高的理论造诣。孙式太极拳创始人孙禄堂是他的高徒。他的《手足论》提出的"顺人之势，借人之力，接人之劲，待人之巧"是太极推手的妙方。它的《走架之境三变》《五字经》等著作，都是太极理论的新建树和新发展。

第四代宗师闫志高，有东北"三杰"之称。他的杰出才能不仅表现在功力上，而且表现在他对太极拳的理论贡献上。他的"先练形，次练气，后练神"的论述，是王宗岳"由招熟而渐悟懂劲，由懂劲而阶及神明"理论的具体化，使这一理论更有操作性了。他表述的"太极拳气与力""松字解""五字真诀"等，都对太极理论的发展作出了突出的贡献。闫志高在实践的基础上敢于突破，敢于创新，他对武禹襄《身法八要》提出的"含胸、拔背、裹裆、护肫、沉肩、坠肘、提顶、吊裆"作了修改，把"吊裆、护肫"改为"掉裆、护臀"，使《八要》理论更加缜密。

太极理论的发展为太极拳的发展和提高提供了依据，而实践的发展又为理论的发展提供了基础。几百年来，太极先贤在实践的基础上充实理论，在理论的指导下进行实践，使太极拳在理论和实际结合上不断向前发展。

三、适应时代，顺乎潮流

任何事物如不能顺应潮流而动，必将被历史所淘汰。太极拳几百年不衰，而且有空前的发展，就是因其有适应时代、顺乎潮流、与时俱进的本质和内涵。

太极拳创始于冷兵器时代，虽然它的初衷是"盖欲天下英雄豪杰，延年养生""详推用意终何在？益寿延年不老春"，但是，当时人们却更多地看中了它的技击功能。在那个时代的太极拳习练者，大多数是为提高技击能力而下功夫的。杨露禅、郝为真、杨澄甫、孙禄堂等无数名家，无一不是具有"无敌"的技击功夫而出名的。至于他们中有因单纯追求技击功力而伤及元气、导致英年早逝的却无人问及和研究。当时的太极理论也大多以论述太极技击为主。被称为太极"母篇"的《太极拳论》，就是以论述技击为主要内容的文章。"一羽不能加，蝇虫不能落，人不知我，我独知人。英雄所向无敌，盖皆由此而及也""每见数年纯功，不能运化者，率皆自为人制，双重之病未悟耳"。在冷兵器时代，太极拳的主要功能是用于技击，人们学拳练拳的主要目的是为了技击，这是历史时代的需要，是太极拳发挥最大效能的主渠道。

在冷兵器成为历史的今天，技击已不再是太极拳的主要功能。现在人们依然需要太极拳，而且习练的人越来越多，这是因为太极拳有文化功能、艺术功能、健身功能以及表演功能等。太极拳顺乎时代的发展，极大限度地发挥这些功能的潜力，使太极拳不仅是武术的一个拳种，而且成为了全民健身的体育运动，是学习和研究中国传统文化的媒介，是具有极高

艺术价值的历史珍品。它惠及全民，造福全社会。当今的太极拳习练者，把扩展和发展太极拳的这些功能放在重要位置，使太极拳与时俱进，紧跟时代潮流，在诸多领域展示自己的辉煌。把太极拳作为医学、作为国学、作为艺术、作为历史、作为军事、作为文化来研究。各种太极拳理论书籍的出版，各种新式太极拳套路的出现，各种新的太极表演功法的产生，标志着太极理论和太极拳正以无与伦比的速度向前发展。

图33　收势　回归无极

　　一提到拳，就只想到"武"，联想到武林高手，那只是过去。现在真正意义的太极拳，除了它的技击功能之外，是修身养性，是蕴藏于各个领域中的文化艺术。只武不文，只在技击上下功夫的太极拳习练者，没有看到和把握太极拳与时俱进的本质，一叶障目，太极拳"武"的属性遮住了他们的双眼，使他们固步自封、停滞不前。

　　太极拳随着社会的进步而进步，随着历史的发展而发展，随着人们对世界认识的提高而提高，它永远不会停留在一个水平上。随着我国改革开放新局面的出现，太极拳已走出国门，融入世界文化大潮。在不久的将来，世界各地，凡有人居住的地方，就会有太极拳习练者的身影。小小寰球，如同一幅美妙的"太极图"，无极而太极，阴阳转换、动静之机将成为世界文化艺术舞台上的主旋律。

第三节　用现代科学认识发展太极拳

古老的太极拳进入了现代文明科学的新时代。用现代科学去检测、论证、说明、发展太极拳是文明的需要、文化的需要、科学技术和时代的需要，也是太极拳保持旺盛生命力、适应时代发展的必由之路。

太极拳产生于封闭保守的封建时代，科学水平相对落后，它有很大的局限性也就在所难免。七千多年前伏羲发明的太极图，以及后来的阴阳古典哲学思想一直是太极拳的理论基础。太极拳发展到今天，这个基础的局限性和在一定程度上的不适应性也逐渐显露出来。尽管太极拳有与时俱进的属性，几百年来，在大量吸纳新理论、新知识、新思想的过程中不断得到完善和发展。但是，传统的、陈旧的、落后的、不科学的观念、理论及拳规、拳势，还在很大程度上禁锢着人们的思想，左右着太极拳的发展和进步。

近年来，太极拳发展中暴露出的问题，使其面临每况愈下的危险：太极拳队伍中老年人多，年轻人少；拳种、拳式五花八门，极不统一、极不规范；理论繁多，争议性很大；拜师磕头，江湖习气日益盛行；以假充真，四处行骗者屡见不鲜；几经努力也登不上世界体育的大雅之堂，始终不能入围奥运会等。这些问题，虽然不排除诸多客观原因和人为因素，也不能不说明太极拳还没有达到尽善尽美，还有很多弊端需要改进，还有很

多不足需要完善。用现代科学来认识和发展太极拳，使其科学化，是使太极拳返老还童、再现生机、跟上时代步伐的最有效的灵丹妙药。

用现代科学研究指导太极拳，是保护太极拳的最好方式。借助现代科学，我们可以鉴别优劣，淘去太极拳中的泥沙，精选其中的金子，剔除其中的糟粕，保留精华。用现代科学去说明和解释太极拳，可以使其更加贴近时代、贴近实际、贴近广大太极拳爱好者，使人对太极拳了解得更多，看得更清楚，理解得更深刻。用现代科学去武装太极拳，可以使太极拳吸纳更多先进的运动方式、方法，增加太极拳科技含量，使其更科学、更缜密。用现代科学去规范太极拳，可以使太极拳走出国门，与世界体育接轨，逐步融入世界体育运动的大家庭之中，尽早成为奥运会等世界大赛的参与项目。用现代科学改造太极拳，可以使太极拳去伪存真、去粗取精，更加完美，发展得更快。太极拳需要现代科学，走现代科学之路是使太极拳更加趋于完美的必由之路，是太极拳进入新时代的必然选择。

太极拳是哲学，它的理论基础是中国古典哲学思想，是阴阳理论。为什么不能用现代的、先进的哲学理论来解释和说明太极拳？有人会说，如果这样，就失去了太极拳的传统性和本来意义。鉴别事物好坏是看其是否先进，与是否传统无关，更不能为保留它的本来意义，把一些不严谨的、落后的东西都一并保留下来。伏羲在文字尚未出现之前创造出太极图，如果当时有文字，恐怕他也要用文字来表述。假使今日伏羲复出，他能认为自己创造的太极图，是现今社会最先进的哲学理论吗？太极图有很深的科学内涵，它揭示了宇宙事物发展的基本规律，千百年来一直被奉为"无字天书"，指导人们认识世界和改造世界。它之所以能够做到这一点，是因为它是发展的，如果没有历代哲学家对太极图的改造和发展，一直停留在伏羲时期的水平上，那么它也不会历经数千年还在起作用。到了科技飞速发展的今天，电脑出现、卫星上天，难道古老的"无字天书"不需要改造、不需要增添新内容吗？以此为理论基础的太极拳还能为保持传统，不去接受现代科学的洗礼和改造吗？继承传统是必要的，接纳现代科学是必需的，必须用唯物的、辩证的新宇宙观去武装、充实太极理论，使其更加科学化。

太极拳是医学，它的健身医疗效果已被世世代代先人所证明。现在越来越多的人练太极拳，大多是为了健康。它的理论基础是阴阳理论和五行学说。《黄帝内经》说："夫邪之生也，或生于阴，或生于阳"，把所有的病都归结为阴和阳，只要阴阳平衡，人就可以不得病。而太极拳的全部动作可以归结为两个势，即阴动和阳动。练太极拳是阴阳转换，目的是实现阴阳相济，从而健身强体。五行学说是把金、木、水、火、土与人的肺、肝、肾、心、脾五脏一一对应，运用生克原理来维持五脏的平衡。太极拳的前进、后退、左顾、右盼、中定，即五行金、木、水、火、土，通过太极拳的步法习练，增进五脏的健康。还有太极拳的站桩、练气，可以打通任督二脉，从而实现气血畅通。放松、清净可使人心舒神宁。这些强身健体的习练方法和理论，都是经过历代先贤在实践中总结并经实践检验的成功经验，是行之有效的好做法。但是，这些理论尚未经过现代科学的论证，在现代科学面前，它们的合理性到底占多大比重还需探讨。因此，运用运动生理学、解剖学、养生学等现代科学去分析、验证太极拳的医学原理，合理评价它的医学价值，弥补和完善太极医学的欠缺和不足，使其更条理化、系统化、科学化，是太极医学跟上时代步伐、发挥更大作用的最佳途径。经过现代科学武装的太极医学会被更多人青睐，会造福更多人。

太极拳是文化、是艺术，它的文化艺术标志何在，它的文化底蕴多大、艺术含量多少，都需现代科学来验证。有了以现代科学为基础的太极拳，文化底蕴会更深，艺术含量会更大。

太极拳是中国武术的一个重要拳种。它的技击功夫是无与伦比的，是在实践中得到检验的，但还需上升为理论。用现代科学说明、验证后的太极功夫将会更加神奇，更有说服力和吸引力。拳击用现代科学训练，每秒的出拳数量及重力是有严格标准的。日本用现代科学研究乒乓球触拍瞬间变数，并计算出1%秒出现的球路变化。意大利科学家运用数学和几何解析足球射门的最佳角度。日本的柔道、泰国的拳斗、西洋的拳击，无一不是用现代科学进行研究、分析最佳技击效果而进行训练的，这些世界知名武技，都风风火火地走向了世界竞技场的大舞台。而中国的太极拳却因缺少现代科学的验证，至今仍被排斥在世界竞技大门之外。"舍己从人""粘连黏随"有技巧而无量的分析；"四两拨千斤"有量的分析而无质的衡量；"动急则急应，动缓则缓随"既无量的分析，也无质的标准，这使习练者不易理解和掌握，也很难知道做到什么程度算达到了要求。

"天人合一"是练太极拳追求的最终目标，怎样做才能达到天人合一，实现了天人合一后会有什么效果？没有用现代科学去验证和说明，这些问题就在朦胧之中，操作起来就比较困难。其实，天人合一就是顺其自然，实现人和自然的和谐，这种和谐达到了极限便可实现天人合一。自然运动是有规律的，人的生理变化、运行轨迹也是有规律的，让两种规律合拍，变化逐步趋于一致，人便逐步走近了天人合一的目标。用现代科学来分析研究，"天人合一"的表述就如此简单明了，更便于人们去认识和理解。有人称中国古典哲学为玄学，一个似乎很简单的问题说得如此复杂，让人觉得神乎其神。玄学不是先人故弄玄虚，而是那时文化落后，科学不发达，人们只能用当时的文字水平，把尚未认识全面的东西表述出来。现实社会科技到了如此进步的程度，人的文字水平和语言表达能力也已达到了近乎完美无缺的地步，用现代科学来验证太极拳，用现代语言文字来表述太极拳，不仅是必要的，而且是完全可能的。

太极拳博大精深，它是含有数学、化学、物理等学科的自然科学。绝不仅仅是"一生二，二生四，太极生两仪，两仪生四象""金、木、水、火、土"和"炼丹、练气造化精、气、神"；太极拳是含有哲学、医学、运动学等学科的社会科学，绝不仅仅是"阴阳之母、动静之机""益寿延年不老春"和"仰之则弥高，俯之则弥深，进之则愈长，退之则愈促"。这些仅是太极拳中的一粟，如浩瀚大海中的一滴水。太极拳在用物理、化学、数学、力学、运动解剖学、生理学、营养学等现代科学解释、验证、武装之后，便如虎添翼，更能显示它的博大与神奇。

有人认为，太极拳植根于中华民族传统文化的沃土，与东方哲学、文化、艺术、兵法、医学等学问千丝万缕，珠联璧合，形成了一个完整的武术文化体系。用现代的、新的科学去解释、验证，甚至去改造，那么必然破坏了这个体系的完整性，失去了古老武术的传统性，丢掉了古老文化艺术的历史性。这些人不愿用现代科学来验证太极拳。其实，不管是完整性，还是传统性、历史性，首先应该是科学性。完整的应该是正确的，传统的应该是优良的，历史的应该是先进的，这样才是科学的，才有生命力。

还有人认为太极拳是科学的，是经过历史检验的，无需再用新的科学去解释和验证。太极拳的科学性是不容否认的，用现代科学去解释和验证，不是否认和诋毁它的科学内涵，而是使其更科学，尤其是使其更能适应现代文化的需要，使更多的人更容易认识它、理解它、接近它。如杨禹廷创造的"八方线"，既形象又具体，人人都能理解和接受。而传统的"乾坎艮震，巽离坤兑"与"八方线"比，就显得有些古老、难学、难懂、难掌握了。

也有个别人在古老的太极拳面前显得无能为力，他们对拳理、拳法会背的不少，但自己都没弄明白，以其昏昏，妄图使人也昏昏。这些人怕

第十二章 发展趋向

用现代科学解释和验证太极拳。他们大讲那些玄而又玄的空理论，极力宣传古老的、无法验证的神奇故事，以借此维护其"太极高人"的地位和名声，而一旦用现代科学说明白了太极拳，他们就被揭了底，他们是太极拳与现代科学接轨的绊脚石。

太极拳与现代科学接轨，是太极拳自身发展的需要，是历史发展的必然，同时也是广大太极拳习练者的迫切愿望。人们喜爱太极拳，更希望它以崭新的面貌出现，让太极拳的科学性和现代科学沟通，用现代科学对太极拳作出与时代同步的解释。改造太极拳，即可抛弃陈旧的东西，使其更加完美；即可更加接近现实生活，使人更能接受和领会其内涵；即可更多地吸纳现代先进的东西，使太极拳更加充实，更富有活力；即可跟上时代的步伐，与时俱进，发展得更快；即可融入世界体育的大潮，成为世界大赛的竞技项目；即可赢得更多人的青睐，更加壮大太极拳的习练队伍。

太极拳有了现代科学的武装，必将焕发青春，更能富有成效地造福世界，造福全人类。

太极拳行功歌

立如处子，动意绵绵。举臂轻轻，投足必严。

松身空腹，背拔胸涵。提顶掉裆，目视正前。

沉肩坠肘，五弓俱全。护臀裹裆，气沉丹田。

周身一家，内外相连。松沉轻柔，慢整匀圆。

厚德守意，养精气闲。静心聚神，动静相兼。

阴阳相济，二气混元。习练有方，益寿延年。

附录一　武式太极拳传承

一、四代先贤

创始人武禹襄

武式太极拳创始人武河清，字禹襄，号谦泉。生于1812年，卒于1880年。河北省永年县人。长兄武澄清，字秋瀛（1800—1884），曾任河南舞阳县知县。次兄武汝清，字酌堂，清代刑部四川司员外郎。兄弟三人从小喜文习武。家中富有，在城内东西两街各开一处茶庄。后将两茶庄合并，腾出西街茶庄给河南温县陈家沟的陈德湖经售药材，店名"太和堂"。禹襄与其兄见陈德湖与店伙计习练拳术，轻灵巧妙，与自家所练全然不同。一次，有一恶人来"太和堂"寻衅闹事，欺负掌柜是外乡人，发生争斗。一交手，只见掌柜略一动身，恶人已跌出丈外。禹襄听说此事后，便求教于陈德湖，方知德湖所练乃太极拳。陈德湖鉴于客东之谊遂即予以传授。后南门外之友杨露禅（1799—1872）自陈家沟陈长兴处学艺归来，禹襄常与其沟通比试，虽有长进，其"太极"奥妙实难晓悟。后听朋友讲，河南温县赵堡镇陈清萍拳艺精湛绝伦，便去拜陈清萍为师。开始不纳，此时陈清萍正牵涉一桩官司，有入狱杀身之难。禹襄四处奔走相救，在其兄长时任舞阳知县武秋瀛的帮助下，才解脱了这桩官司。陈师感其救命之恩，遂收武禹襄于门下，并倾心传授，将各种秘诀一一传授给禹

襄。加之禹襄不仅原功底深厚，而且聪明过人，很快便得精髓，理、法尽知，并结合认真钻研王宗岳《太极拳论》等古拳谱，如虎添翼，功夫日渐缜密。

回到家乡后，武禹襄潜心钻研、细心揣摩，常常与身强力壮、精于武术的人过招，无一不胜。两年后，武功骤进，理法大明，便以陈清萍所授拳艺为基础，以王宗岳《太极拳论》为指导，参照兵家奇正虚实之道及写文章起、承、转、合之理，结合自己的练功体会，创编了一套技艺紧凑、神气鼓荡、外示安逸、内固精神的新拳式，后人称之为"武式太极拳"。

武禹襄出身书香门第，长时间以教书为业，有较深厚的文化素养，因而对太极拳理、法颇有灼见，写出了《拳解》四则，《十三势用功心解》《身法十条》《四字密诀》等著作，把太极拳理论推向新阶段。武式太极拳的产生，使太极拳的文化属性体现得更明显，文化功能更突出了。

武禹襄是清代秀才，虽为一代宗师，但不以教拳为业。门徒不多，其外甥李亦畲功夫最好，是他的主要继承人。

第二代传人李亦畲

李亦畲，名经纶，字亦畲。生于1832年，卒于1892年。河北省广平府永年县人。曾任河南郑元善部下参赞军机，后辞职归乡经商，地方乡邻惯称呼其为李大先生。兄弟四人均善拳术，唯亦畲功夫最佳。曾与次弟共开设诊所，专医小儿牛痘、麻诊等疾病。

亦畲22岁时，开始从舅父武禹襄学练太极拳，放弃职业，悉心研练数十载。随时记录禹襄所传授的拳理拳法及自己学习的心得体会，粘贴于墙壁，反复修订，整理成文。著有《太极拳小序》《五字真诀》《走架打手行功要言》《撒放秘诀》《太极拳打手歌》《敷字解》《左虚右实图》《一身备五弓歌》等佳作，继承和发展了王宗岳和武禹襄的拳理、拳法。

他是著书最多的太极圣贤，其著作一直被太极拳习练者奉为经典。

李亦畬拳理颇丰，功力深厚。其表弟苗兰圃膀大腰圆、力大如牛。一次来家做客，问亦畬："兄长所习太极拳能否打人？"亦畬笑道："老弟如有雅兴可以一试。"当时李亦畬正坐在椅子上，苗兰圃双手用力按亦畬双肩，欲把亦畬推出椅外。亦畬纹丝未动，口中说道："你坐到椅子上去吧！"话音未落，兰圃已被发到对面的椅子上去了。

还有一次，正逢亦畬生日，酒席宴上有客商打扮的外乡人，见桌面上落只苍蝇，一伸筷子就把苍蝇夹住。见此情景，亦畬也拿起筷子，刚好一只蜜蜂从门外飞来，只见他不慌不忙，筷头一晃，便把那只蜜蜂夹住。酒席散后，亦畬送客，那位外乡人伸出双手阻止，显出很有礼貌的样子。两人胳膊和身体一接触，外乡人便暗暗用力，试将亦畬推进屋内，只见亦畬轻轻把手一抬，外乡人便腾空而起，被抛到大门以外，稳稳跌在街心。那个外乡人十分佩服地说："我练拳几十年，云游四方，从未见到像先生这么好的功夫，李先生的功夫真是登峰造极了。"

李亦畬身怀绝技、拳艺卓越，却从不仗势欺人。他待人热情，和蔼可亲。他是武式太极拳最优秀的传承人之一。现今，武式太极拳主要由两脉传承发扬。一脉是亦畬的后人李逊之传承的，人称李派太极拳；另一脉是亦畬的高徒郝为真传承的，人称郝派。现在武式太极拳广泛流传，遍布全国各地，国外也有众多习练者，这些大都是由李、郝两脉继承和传播开来的。

第三代传人郝为真

郝为真，名和，字为真。生于1849年，卒于1920年。河北省广平府永年县人。杨露禅是他的外祖父，班侯、建侯是他的舅父。自幼酷爱武术，受其家族影响，对太极拳极感兴趣。青年时代，随从李亦畬经营粮

业，常观亦畬习武练拳。亦畬看其诚笃，乃授之真诀，自此精妙始得，功力日进。永年有一名为罗建勋的人，力大无比，多次登门欲与郝为真交手，为真再三推却，而罗建勋执意不肯离去，为真不得已而许之。罗建勋手疾招快，猛力向郝击来，为真以静待动，待其近身，振手触之，建勋被掷起数尺而坠，方赤颜拜服。

清河葛志泰，精八方锤，授徒千人。闻李亦畬大名，欲拜师学拳。亦畬令其学于为真。泰非常勉强，亦畬知其意，则令与为真比试。为真以推手方法进擎泰膊，泰膊不能脱，足不能移，身亦不能动，乃疾呼："释我！释我！"为真遂释之，泰心悦诚服。

民国初年，郝为真去北京探望杨建侯等，适时名拳师云集京城。蒲阳孙禄堂习形意、八卦数十年，久负盛名，有活猴之称。意欲与盟弟杨澄甫交流拳技，澄甫以为各守所长足矣。而禄堂学太极之念益切，闻为真至京，乃迎至家，行弟子之礼，以师事之。孙禄堂继承郝为真真传，创编了孙式太极拳。

郝为真有四子，皆继父业习练太极拳。次子月如得其家传，功夫最好。月如之子少如自幼喜好太极，在祖父和父亲的精心教诲下，十五岁已能运用推手拳理。一日，祖孙二人演练推手，少如发力，将祖父打出。为真哈哈大笑说："梦修（郝少如原名）推手技艺大有长进，武派太极拳在我家生根矣。"李、郝两家子辈多攻文，孙辈又重攻武，可谓文武兼备。

武禹襄、李亦畬均系永年世族，皆为儒生，不轻易以拳授人。武禹襄单传李亦畬。李亦畬主要传于本族，只有郝为真是外姓之徒。郝为真是武式太极拳的弘扬者。师从郝为真学练太极拳者甚多，并在20世纪30年代的武术界负有盛名，其中除郝月如外有孙禄堂、闫志高、李远香、李圣端、郝中天、李福荫、韩文明等。

郝为真晚年，每逢来访拳技者，均告之曰："欲研究武派太极拳，找我小徒闫志高即可。"闫志高是郝为真的主要继承人之一。

第四代传人闫志高

闫志高，生于1882年，卒于1961年。河北省清河县人。家境颇为富裕。幼年习练少林拳，又习练形意拳、八卦掌，后师从郝为真，改练太极拳。由于师传有法，自己又勤学苦练，默识揣摩拳理，深得太极精义。

闫志高攻文经武，资历深厚，毕业于保定武备学堂。并融少林、武当于一身，文武全才，堪称武术明家。清末年间，一日本武士在京津一带设擂比武，数日无人能敌。闫志高闻讯赶来与其交手。不出数招，便将日本武士击于台下。当地县令闻之，请闫师到县衙，当听说闫师所练是武式太极拳，便令其练一趟，并许每练一势赠一元宝。闫师听后，愤然离去。多年后，有人问及此事，闫师说："平生所学，岂可用金钱买去。"

闫志高于1928—1937年在江苏省府供职。日本侵略占领华北及华东后，不甘当亡国奴，隐居继子家，专务太极拳，有太极拳掌门之称。新中国成立后，受沈阳武术界知名人士霍梦魁、高云五等人邀请，来沈阳设场传授武式太极拳，为武式太极在东北地区弘扬做出了卓越贡献，素有"东北三杰"之称。自1950至1960年10年间，授徒600余人，现辽宁乃至东北三省，各地习练武式太极拳者，大都是闫志高所传。

闫师武功已达炉火纯青之境，慕名拜师学艺者不计其数，也有前来比试者。一天，一彪形大汉，自诩沈阳某拳场教师，欲与闫师一比高下。闫师再三谦让，此人仍执意不去，并双手卡腰，特意亮出腰间披着的九节鞭。闫师一见，随手操起太极杆说道："既已亮出家伙，你是客人，就先动手吧！"来人见闫师双目炯炯有神，"形如搏兔之鹘"，便改颜说道："今日暂且作罢。"说完悄然离去。

一次，几名徒弟陪闫师到大西门看马戏，回归途中见一艺人练石墩，重30余公斤，闫师观赏艺人献艺之后，乘兴下场单臂举起石墩演练，后又练了一套大刀，观众见后齐声喝彩，无不称赞："好功夫！"闫师笑与艺人礼别。

沈阳铁路局赵某，精长拳，身怀绝技，来访，愿与闫师交手一试。闫师说："你有什么拿手的，只管用。"赵某抡圆双臂对准闫师面门打来。未见闫师如何接手、发劲，只见赵某双脚离地、身如弓状，被打进屋去。稍停赵某才从屋内走出，一言未发，离开了闫家。

1955—1958年，闫志高先后率弟子十余人，参加省市武术比赛，并亲自登台表演，得到武术界知名人士的高度评价与赞赏，被誉为"武术家"。同年，被省、市体育组织聘为武术裁判。

1960年底，正值全国困难时期，闫志高深感年迈，欲归故里以享晚年天伦之乐，遂停止教拳，返回老家。途经天津时因车祸受重伤，送往医院医治无效，于第二年在天津逝世。

二、恩师赵清玉

赵清玉，山东省肥城县人。生于1923年，早年随父母迁居沈阳。自幼喜爱武术，习练少林拳，后学杨式太极拳。1953年秋，经师兄陈明洁引见，到沈阳小河沿（现沈阳市动物园）拜闫志高为师，开始专心习练武式太极拳，是武式太极拳第五代传人。

入室后，闫志高见赵清玉练过其他拳，须改掉一些老习惯，于是便从基本功入手，教他站桩、走太极步。头半年，除了每天至少站一小时桩之外，就是走太极步，天天如此。当时赵师已年界三十，每天要上班工作。他在小河沿附近的一家私人铁匠铺干活，俗称打铁的，即现在的煅工。活很累，而且干起活来没早没晚。但他不管回家多晚，都要去闫老师那里练功，常常深夜才能回家。他不仅在闫志高老师那里练站桩走步，在家里也挤时间练。

半年之后，赵师的功夫在不知不觉中有了很大的提高，而且练外家拳的僵劲也逐渐化掉，同时，他的恒心和毅力也得到了闫老师的欣赏。闫老师开始一招一势、手把手地教他练拳了，并由浅入深地给他讲拳理拳法。由于闫老师的精心教导，加之赵师本人的刻苦努力，再有陈明洁等师兄弟们的大力帮助，三年时间，赵师初步掌握了武式太极拳的基本要领和内涵。

1956年，抚顺地区国有企业大量招工，赵师经过考试被抚顺市机械厂录用，定为八级煅工。他家也从沈阳搬到了抚顺。虽然离闫老师远了，却丝毫没有改变赵师学拳的决心和毅力。他坚持每天都抽出两三个小时练基本功和套路，并每逢周六就乘火车去沈阳，到闫老师家改拳。晚上住在妹妹家，第二天又去小河沿，与众师兄弟共同聆听闫老师讲拳理拳法，看他示范拳架，并在老师的指导下与众师兄弟演练拳技。就这样，赵师一直坚持了4年，直到1960年闫志高老师离开沈阳。之后赵师虽不再每周都去沈阳，但每月至少去一次，到小河沿与师兄弟们交流技艺，直到1966年"文革"开始方才终止。

经过十几年坚持不懈的努力，赵清玉师父武式太极拳的功夫练得炉火纯青，并掌握了推手的基本要领，刀、剑、棍等器械也练得出神入化，对拳理拳法掌握得也十分娴熟，在闫志高的众徒中可属佼佼者。

赵清玉不单习练武式太极拳，还精通《伍柳仙宗》。他把"故真意即虚无之正觉"巧妙地运用到拳中，在非常安静、非常虚明的状态下行拳走架，拳势如行云流水，气势似八卦蒸腾。他到抚顺后每天坚持练功不断，很快在抚顺地区产生了很大的影响，被称为"赵太极"。慕名而学者不断，先后授徒近百人，能继承赵师之拳技者也有十几人。

1992年，袁斌、薛乃印等十几个学形意、八卦、外家拳的人投到赵师

门下，学习武式太极拳。一年后，经薛乃印倡议，经市体育总会批准，成立了抚顺市武式太极拳研究会，会员七八十人之多，赵清玉被聘任为名誉会长。至此，武式太极拳有了自己的组织，达到在抚顺发展的鼎盛时期。之后，武式太极拳名家乔松茂多次来抚顺指导，并与赵师父切磋拳技。沈阳、鞍山、铁岭等地武式太极高手陈明洁、卜荣生、刘常春等人也常来抚顺传播拳技。赵师也经常带领抚顺地区武式太极拳习练者走出去，与沈阳等地进行交流，极大地推动了抚顺武式太极拳的发展。武式太极拳已成为抚顺武林中一个举足轻重的拳种。赵清玉是武式太极拳在抚顺广泛传播的奠基人。

赵清玉师父教学严谨认真，一丝不苟。笔者1969年开始学拳，他几十年如一日，总是认认真真，将全部所学倾心传授。为了让人看得清楚，他一个势一个势地演练，不厌其烦，直至学者看明白为止。为了纠正姿势，他常常在徒弟演练过程中突然叫停，对学者的定势按身法"八要"从头到脚，一个部位一个部位地予以纠正。他的规范教学使笔者受益匪浅，在初学阶段完全做到了守规矩。他讲解拳理拳法，由浅入深，生动形象，耐心细致，每讲一理都叫人听懂、理解、会用。他特别善于因人施教，每个向他学习的人都能各得其所。他的一位同事患肺病多年，经多方医治始终不得痊愈，便向他求教。根据此人病情，赵师父教他静坐、站桩、走太极步，不到半年此人的肺病大有好转，这人便喜爱上了太极拳。在赵师父的精心传授下，他坚持练了一年多，肺病痊愈，后来，竟成了一名太极高手。1992年投师的几位练过其他拳的徒弟，赵师父根据他们的不同特长因材施教，分别传授他们不同技艺，使这些人也都在原基础上有很大提高，后均成为抚顺地区武术界的名人。在抚顺机械厂，有位和赵师父年龄相仿的人，练了几十年长拳，功夫十分了得，后喜爱上了太极拳，非要跟赵师学。赵师见他年事已高，并练了多年长拳，本不想教他，可经不住他的再三恳求，于是就教了他一些基本功法和简化套路。岂知此人学拳十分用心，不到两年，便深得太极拳的一些要义，拳功也大有长进。赵师父见他虽然年龄大了，仍是一个练拳好手，便开始向他系统传授武式太极拳。又经五六年的习练，此人功力大长，竟成了赵师拳技的主要继承人。后来他收徒传艺，为武式太极拳在抚顺传播做出了很大贡献。

赵清玉家庭出身贫寒，从小没念过书，18岁就到铁匠炉当学徒，但他聪明好学，不单铁匠活干得好，而且自学文化。新中国成立后他又上了夜校，文化水平有了很大提高，能读书写字，还学会了锻工算料。到抚顺机械厂后，没过几年就晋升为锻造技师，被调到厂技术科工作。此间他有多项技术发明，其中夹板锤技术改造获国家科委技术发明奖，1966年初被省科委批准晋升为工程师。他精益求精的精神，不仅表现在工作上，也表现在练拳上、授徒上。1958年，正值全国普及太极拳运动，机械厂多次办太极拳培训班，由赵师任辅导教练。他不分男女老少，不分体质强弱，都认真传授，诚心把自己所学传授给所有学员。由于参加学习的都是组织抽调的，有的对太极拳兴趣不浓，学习的积极性不高。尽管如此，在赵师的精心栽培下，还是有人学得很好并坚持下来，后来成为了抚顺太极拳队伍的骨干。

赵清玉师父常说："练拳容易，练心难。"他十分注重修心，常年的习练，使他养成了非常和善的习性。他待人诚恳、谦虚，与人为善。他为人和蔼、尊师爱徒。1960年年初，由于自然灾害，人们生活都很困难。很多人饭都吃不饱，便不再练拳了，跟闫志高老师练拳的人越来越少。闫志高孤身一人，没有固定的工作和收入，靠徒弟们自愿捐赠维持生活。赵师父见到这种情况，主动把捐赠款由原来每月3~5元增加到10元（当时赵师每月工资101元）。在他的带动下，又有几个收入较多的师兄弟主动提高了捐赠数额，使闫老师生活仍维持在原来水平。这种情况一直持续到

1960年底闫志高离开沈阳。1978年春节，我给赵师父买了一瓶茅台酒，他很高兴，可硬是把酒钱（当时每瓶12元）给了我。大年初三，他在家用这瓶茅台酒招待我们几个徒弟。在当时，他家庭生活是比较富裕的，同事、朋友、徒弟，不管谁有困难，他都予以帮助。1980年赵师父退休，生活水平提高不快，我们这些徒弟生活条件都渐渐好了，想帮助他，可他就是不肯，和老伴粗茶淡饭，甘愿清贫。

赵清玉师父武功高强，品行高尚。"文革"期间在他居住的地区有位摔跤高手，年轻气盛。早就知道"赵太极"有功夫，碍于以前摔跤能力不行，未敢前来较量。后来，自以为武功已成，一天来到赵师父家，欲与其交手比试，赵师父不肯，但他非要比不可，不然就不离去。无奈之下，赵师父便答应与其试一试。此人毫不客气，伸手来抓，试图脚下一个贴把赵师父撂倒。只见赵师父不慌不忙，用两手将对方双臂轻轻粘住，任其如何挣脱都无济于事。此人欲进不能，欲退不得，身体左右摇晃，任凭赵师父摆布，最后直喊"有了"，赵师父这才松手。

赵清玉师父不是知识分子，却具有文人的风华和气度；他练了一辈子武，却没有"武夫"的粗野和鲁莽。他是一个诚实的人，谦虚的人，待人和气的人，与人为善的人。在单位，他是一个好工人、好干部；在武术界，他是一个好拳师、好教练。1969年冬，"造反派"硬说他旧社会给国民党军队修过枪，受到不公正的批斗。赵师父对批斗过他的人，不记恨、不报复，后来有的人还成了向他学太极拳的朋友。对同门拳友，他谦虚和蔼，虚心向高人学习，耐心地把自己所学传授给别人。每次去沈阳小河沿，众师兄弟及晚辈都云集一堂谈武论文，谁有什么大事小情都愿跟他谈。他的两个师弟因一点小事产生了矛盾，他找这个谈，找那个说，硬是把矛盾化解，使二人重归于好。他师弟的一个徒弟有困难，他知道后解囊相助。他的品德和风格赢得了众人的赞赏和尊敬。

赵清玉恩师光明磊落，无欲无求，把全部精力用到了工作上，用到了练太极拳上。在他身上可以看到太极拳给人带来的好处，可以体会到"性命双修"的作用。几十年来，不管遇到什么挫折和困难，哪怕是被批斗期间，他也从容淡定、乐观向上。

2006年5月，我正在北京，听到恩师病重的消息，急忙赶回抚顺，连续几天守候在他的身旁。在他垂危之际，我问他身上哪里难受，他说："哪也不难受。"几小时之后，赵清玉师父便永远离开了我们，"哪也不难受"是恩师一生的最后一句话。我至今都时常在想，"哪也不难受"是恩师的乐观态度呢，还是终生练拳所起的作用呢，还是两者兼有？

恩师赵清玉离开我们10年多了，他的音容笑貌、威武拳姿却时常浮现在我的眼前。他如一面旗帜，始终引领我们在习练太极拳的道路上奋进，始终是抚顺地区武式太极拳习练者的榜样。

三、太极拳伴我五十年

小时候，我特别喜欢武术。对会练武的人十分羡慕，尤其对小说中那些武林英雄、绿林好汉更是佩服得五体投地。总想找个机会，拜个名师学点真本领。可惜，与武术无缘，始终没有找到这个机会。

1964年，我考入了抚顺石油学校。学校有位教体育的马老师，50多岁，新中国成立前在国民党军队当过体育教官。听说他武功十分高强，好多学生想跟他学，他从来不教，也从未见他练过。可是，他每天早晨却在学校操场领着一伙人练太极拳，跟他学的有学生，也有教师。我当时并不知道他们练的是什么式太极拳，只见他们慢慢腾腾，仿佛是在摸鱼。有的同学劝我去学，我当时还不知道这就是武术，认为那是年长人和体质差同学的事。在校四年，与太极拳擦肩而过，错失了一次良好的机会。

1968年，我从学校毕业，被分配到抚顺石油一厂。每天上班工作，业余时间游泳、打球，但始终没有放弃学武的念头。其实，名师就在我身旁，而且相识多年，只是自己当时还没有认识高人的能力和与其学拳的机缘。

恩师赵清玉和我家从1958年就是邻居，我们都住在将军街的平房里，相距不到百米。我去油校念书离开家之前，几乎每天早晨都见他在自家门前练拳，有时晚上也见他习练刀剑棍棒。赵清玉师父和我父亲都在抚顺机械厂工作，是邻居，又是同事，我与他始终以叔侄相称。尽管很熟，也常见面，可从未提跟他学练太极拳的事。1969年夏天的一个傍晚，我们许多人聚在一起聊天，一个邻居跟我说："你跟赵师父学太极拳呗。"我说："行，学呗。"当时赵师父也没说啥，只是看着我笑了笑。本以为说完就拉倒了，我也没当真。可没想到第二天晚上，赵师父把我叫到了他家里，问我愿意学不？碍于面子，我当时说："愿意。"心想我才二十刚出头，学啥太极拳，试试看吧。没想到这一试，我便和太极拳结了缘，成了我五十年形影不离的忠实伙伴。

我学太极拳经历了一个从不自觉到自觉的过程。赵师父教我练太极拳也是从站桩、走太极步开始的。那时我原本就不太喜欢太极拳，每天练单调的站桩、走步，实在有点不耐烦。可赵师父每天晚上却要检查并和我一起练、一起走，使我硬着头皮坚持了下来。三个月后，我不知不觉感到腿上有劲了，脚下也灵活多了。当时我在抚顺石油一厂当铆工，每天干活很累，晚上吃完饭就想休息。经过这三个月的训练，我不但白天干活不觉得累，晚上回家也精力充沛了，我渐渐地尝到了练太极拳的甜头。还有一件事使我对太极拳转变了印象。那是我学拳不到半年的时候，一天，我随赵师父去公园，他的一个徒弟叫傅宗仁，在树下练了一趟武式太极拳，架势十分威武，虽然速度不快，一招一势都咄咄逼人。其实，傅师兄也刚学拳不到二年，僵劲和拙力还没有完全褪去，练的还不是真正意义上的太极拳。可就是他的这种刚劲十足的拳姿吸引了我，使我转变了观念，喜欢上了太极拳。

打那以后，我学练太极拳再不是被人推着练了，开始主动学，自觉下工夫了。我家离浑河很近，每天我都早五点起床，到河边练一小时拳再回家吃饭上班。晚上吃完饭也都去河边练拳或去赵师父家里，听他讲拳理拳法，学习新动作和纠正姿势。不管刮风下雨、酷暑寒冬，几年如一日始终坚持。我家离河边约有二里多路，中途路过几家农户住的平房。一次，天已很晚，我踏着厚厚的雪到河边练拳，等我往回走的时候已是晚上八九点钟了。冬天的夜晚，寂静无声，当我走近那几家农户院门前时，从院里突然蹿出一条狗向我扑来。我当时年轻力壮，丝毫没有惧色，飞起一脚，虽然没有踢着狗，却把它吓得倒退了几步。我顺势从院墙角操起半块砖头，狗见我哈腰捡砖，调头就往回跑，我朝着狗跑的方向把砖头扔了过去，正巧打在狗的身上，狗疼得嗷嗷直叫。这时农户主人从屋里出来和我理论起来，责问我说："狗没咬着你，你为啥打狗？"我据理力争，说等狗把我咬了我再打不就晚了吗？那人见我十分硬气，也就再没说啥，开门回屋去了。

1976年，我从抚顺石油一厂调到市里机关工作，经常外出、开会或参加各种学习班，但并未因此而中断太极拳习练。无论走到哪里，都不改变每天练拳的习惯，而且利用各种机会与人交流，开阔眼界。

坚持数年，必有好处。十几年的学习和习练，我的身体更加强壮了。不论工作多累、压力多大，从未因身体原因而支持不住。多少年来，感冒都很少得。记得一次去清原县搞外调，由于交通不便，我一气走了近50里山路，晚上到招待所住下后，照样行拳练功。

1978年秋，我搬家离开了将军街，离赵师父家远了，但父母还住在原

处。我几乎每周都回去一次，除了看望父母，就去师父家讨教。

我刚学练太极拳时，正值十年动乱时期，在那是非颠倒的年月，我错过了很多学习的好机会。赵师父给我讲拳理拳法，涉及阴阳、五行、八卦等内容，自己满脑子都是文革灌输的东西，对赵师父的至理名言却听不进去，虽未明说，心里总是接受不了。赵师父看出了我的心思，后来就教我拳练得多，理讲得少了。现在回想起来真是有些后悔，不然，我会从赵师父那里学到更多的东西，很可能他会把气功《伍柳仙宗》也传授给我。好在到了八九十年代，颠倒的历史又被颠倒了过来，我的思想观念也有了彻底的转变，又重新把丢失的东西补了回来。这时，赵师父虽然年事已高，仍不厌其烦地给我讲解。

以太极为伴，不仅获得了健康的体魄，也使我在日常生活中乐观处事，和善待人，不畏困难，努力向上。

在市直机关工作30余年，有顺利、有坎坷，有成功、有失利，有赞扬、有批评，有快乐、有烦恼。不管遇到什么情况，我都能保持一颗平和的心，不狂喜、不悲观，勇于进取，乐观向上。

长年习练太极拳，使我把和善待人当作要务。当职员时，尊重领导，团结同事，当了领导之后也从不盛气凌人，与下级和睦相处。顺畅的人际关系，带来了和谐的工作环境。几十年里，我的工作调换了几个部门，不管到哪里都能与人和谐相处。

1992年秋，抚顺市成立了"武式太极拳研究会"，我被推选为副会长。传播和普及武式太极拳成了我的责任和义务。师父尚在，我没有收徒，却向很多人传播太极拳技艺。班上同事、同学朋友，只要愿学，我都耐心地教他们。1996年在市委党校学习，有十几人跟我学太极拳，在我的精心指导下，三个月的时间，这些人大都初步掌握了武式太极拳的基本要领，能够独立完整地练完全套拳路，有的至今仍在坚持练拳。

因我是真正向赵清玉拜师学拳的第一人，也是坚持时间最长、专一习练武式太极拳的人，后学者都称我为大师兄。还因我从21岁就学太极拳，几十年始终坚持跟赵师父在一起练，得师父真传较多，因此，赵师有时也让我"代"他传授拳艺。我并不因此而骄傲，也没有保守对待，总是认认真真地把自己会的东西教给师弟们，赢得了众师弟的尊重。

2006年5月，恩师赵清玉离开了我们。从1969年开始，37年间我从未间断向赵师父学习。他的品德和拳技在我们众师兄弟身上得到继承和发扬。

2008年我退休了，有更多的时间学拳、练拳和研究拳了。我多方接触、广结拳友，努力学习和吸纳其他门派太极拳长处，不断改进和完善本门拳功拳技。我在原八十一势的基础上创编了三十六势武式太极拳，更有利于教授和传播，深受初学者的欢迎。我认真学习拳理拳法，深入研究太极拳深层次的理论真谛，使自己对太极拳理解得更深了，拳练得更自如了。

2010年我被聘为抚顺市新抚区武协名誉主席。2013年被抚顺市武协聘为顾问。

中断了28年的"抚顺市武式太极拳研究会"，于2016年又恢复成立了，我被推选为会长。

武式太极拳与我结下了不解之缘。它陪伴我近五十年，是我忠实的朋友。有了这个朋友我感到充实，有力量。我为有这样的朋友而庆幸。我虽年近古稀，仍然雄心不减，我将继续在研习太极拳的进程中奋进，为武式太极拳在抚顺地区的广泛传播和发展而努力。

附录二 精选九篇

一、拳论"老三篇"

1. 张三丰《祖师遗论》

盖欲天下英雄豪杰,延年养生非徒技艺之末也。

太极拳,一名长拳,又名十三势。长拳者,如长江大海,滔滔不绝也。十三势者,掤、捋、挤、按、採、挒、肘、靠,此八卦也。前进、后退、左顾、右盼、中定,此五行也。掤、捋、挤、按,即坎离震兑,四正方也。採、挒、肘、靠,即乾坤艮巽,四斜角也。前进、后退、左顾、右盼、中定,即金木水火土也,此五行也。合而言之,曰十三势也。是技也,一着一势,均不外乎阴阳,故又名太极拳。

2. 王宗岳《太极拳论》

太极者,无极而生,动静之机,阴阳之母也。动之则分,静之则合,无过不及,随曲就伸。人刚我柔谓之走,我顺人背谓之粘。动急则急应,动缓则缓随。虽变化万端,而理为一贯。由着熟而渐悟懂劲,由懂劲而阶及神明。然非用力之久,不能豁然贯通焉。

虚领顶劲,气沉丹田,不偏不倚,忽隐忽现。左重则左虚,右重则右杳，仰之则弥高，俯之则弥深，进之则愈长，退之则愈促。一羽不能加，蝇虫不能落。人不知我，我独知人。英雄所向无敌，盖皆由此而及也。

斯技旁门甚多，虽势有区别，概不外壮欺弱、慢让快耳。有力打无力，手慢让手快，皆是先天自然之能，非关学力而有为也。察'四两拨千斤'之句，显非力胜；观耄耋能御众之形，快何能为？立如秤准，活似车轮。偏沉则随，双重则滞。每见数年纯功，不能运化者，率皆自为人制，双重之病未悟耳。

欲避此病，须知阴阳。粘即是走，走即是粘；阴不离阳，阳不离阴；阴阳相济，方为懂劲。懂劲后，愈练愈精。默识揣摩，渐至从心所欲。本是'舍己从人'，多误'舍近求远'。所谓'差之毫厘，谬以千里'，学者不可不详辨焉！是为论。

3. 武禹襄《十三势用功心解》

解曰：以心行气，务令沉着，乃能收敛入骨。以气运身，务令顺随，乃能便利从心。精神能提得起，则无迟重之虞，所谓顶头悬也。意气须换得灵，乃有圆活之趣，所谓变换虚实也。发劲须沉着松静，专注一方，立身须中正安舒，支撑八面。行气如九曲珠，无微不至，气遍身躯之谓也。运劲如百炼钢，何坚不摧？形如搏兔之鹘，神如捕鼠之猫。静如山岳，动似江河。蓄劲如弯弓，发劲似放箭。曲中求直，蓄而后发。力由脊发，步随身换。收即是放，放即是收，断而复连。往返须有折叠，进退须有转换。极柔软，然后极坚刚。能呼吸，然后能灵活。气以直养而无害，劲以曲蓄而有余。心为令，气为旗，腰为纛，先求开展，后求紧凑，乃可臻于缜密矣。

二、"三教"精典篇

4. 道教老子《道德经》摘句

道可道，非常道；名可名，非常名。

无名天地之始；有名万物之母。

故常无欲以观其妙；常有欲以观其徼。

此两者，同出而异名，同谓之玄。玄之又玄，众妙之门。

天下皆知美之为美，斯恶已；皆知善之为善，斯不善已。

有无相生，难易相成，长短相形，高下相倾，音声相和，前后相随。恒也。

是以圣人处无为之事，行不言之教；万物作而弗始，生而弗有，为而弗恃，功成而不居。夫为弗居，是以不去。

不尚贤，使民不争；不贵难得之货，使民不为盗；不见可欲，使民心不乱。

是以圣人之治，虚其心、实其腹、弱其志、强其骨，常使民无知无欲，使夫智者不敢为也。为无为，则无不治。

道冲，而用之或不盈。

渊兮，似万物之宗。

（挫其锐，解其纷，和其光，同其尘，是谓"玄同"。）

湛兮，似或存，吾不知谁子，象帝之先。

天地不仁，以万物为刍狗；圣人不仁，以百姓为刍狗。

天地之间，其犹橐籥乎？虚而不屈，动而愈出。

多言数穷，不如守中。

谷神不死，是谓玄牝。玄牝之门，是谓天地根。绵绵若存，用之不勤。

天长地久。天地所以能长且久者，以其不自生，故能长生。

是以圣人后其身而身先，外其身而身存。非以其无私邪。故能成其私。

上善若水。水善利万物而不争，处众人之所恶，故几于道。

居善地，心善渊，与善仁，言善信，政善治，事善能，动善时。

夫唯不争，故无尤。

持而盈之，不如其已；揣而锐之，不可长保。

金玉满堂，莫之能守；富贵而骄，自遗其咎。功遂身退，天之道也。

载营魄抱一，能无离乎？专气致柔，能如婴儿乎？涤除玄览，能无疵乎？爱国治民，能无为乎？天门开阖，能为雌乎？明白四达，能无知乎？（生之、畜之，生而不有，为而不恃，长而不宰，是谓玄德。）

……

致虚极，守静笃。

万物并作，吾以观复。

夫物芸芸，各复归其根。归根曰静，静曰复命。复命曰常，知常曰明。不知常，妄作凶。

知常容，容乃公，公乃全，全乃天，天乃道，道乃久，没身不殆。

太上，不知有之；其次，亲而誉之；其次，畏之；其次，侮之。信不足焉，有不信焉。

悠兮其贵言。

功成事遂，百姓皆谓："我自然。"

大道废，有仁义；智慧出，有大伪；六亲不和，有孝慈；国家昏乱，有忠臣。

231

绝圣弃智，民利百倍；绝仁弃义，民复孝慈；绝巧弃利，盗贼无有。此三者以为文不足，故令有所属；见素抱朴，少思寡欲，绝学无忧。

……

5. 孔孟警句

孔子：

君子周而不比，小人比而不周。

君子怀德，小人怀土；君子怀刑，小人怀惠。

群子喻于义，小人喻于利。

君子坦荡荡，小人长戚戚。

君子成人之美，不成人之恶，小人反是。

君子和而不同，小人同而不和。

君子求诸己，小人求诸人。

君子泰而不骄，小人骄而不泰。

君子欲纳于言而敏于行。

君子耻其言而过其行。

君子有三戒：少之时，血气未定，戒之在色；及其壮年也，血气方刚，戒之在斗；及其老也，血气既衰，戒之在得。

君子有九思：视思明，听思聪，色思温，貌思恭，言思忠，事思敬，疑思问，忿思难，见得思义。

君子不忧不惧。

君子于其言，无所苟而已矣。

政者，正也。予帅以正，孰敢不正。

其身正，不令而行；其身不正，虽令不从。

不患寡而患不均，不患贫而患不安。

其未得之也，患得之；既得之，患失之，苟患失之，无所不至矣。

名不正，则言不顺；言不顺，则事不成。

三军可夺帅也，匹夫不可夺志也。

足食、足兵、民信之矣……自古皆有死，民无信不立。

先有司，赦小过，举贤才。

富贵不可求也，虽执鞭之士吾亦为之。如不可求，从吾所好。

有杀身以成仁。

人无远虑，必有近忧。

笃信好学，守死善道。危邦不入，乱邦不居。天下有道则见，无道则隐。邦有道，贫且贱焉，耻也；邦无道，富且贵焉，耻也。

饭疏食，饮水，曲肱而枕之，乐亦在其中矣，不义而富且贵，于我如浮云。

己所不欲，勿施于人。

学而不思则罔，思而不学则殆。

知之为知之，不知为不知，是知也。

学而时习之，不亦说乎？

知之者不如好之者，好之者不如乐之者。

敏而好学，不耻下问。

默而识之，学而不厌，诲人不倦。

生而知之者，上也；学而知之者，次也；困而学之，又其次也；困而不学，民斯为下矣。

三人行，必有我师焉。择其善者而从之，其不善者而改之。

子以四教：文、行、忠、信。

有教无类。

当仁不让于师。

不愤不启、不悱不发，举一隅不以三隅反，则不复也。

智者乐水，仁者乐山，智者动，仁者静，智者乐，仁者寿。

吾十有五而志于学，三十而立，四十而不惑，五十而知天命，六十而耳顺，七十而从心所欲，不逾矩。

人而无信，不知其可也。大车无輗，小车无軏，其何以行之哉。

过而不改，是谓过矣。

人之过也，各于其党。观过，斯之仁矣。

孟子：

天时不如地利，地利不如人和。

故曰，或劳心，或劳力；劳心者治人，劳力者治于人；治于人者食人，治人者食于人，天下之通义也。

居天下之广居，立天下之正位，行天下之大道；得志，与民由之；不得志，独行其道。富贵不能淫，贫贱不能移，威武不能屈，此之谓大丈夫。

非其道，则一箪食不可受于人；如其道，则舜受尧之天下，不以为泰——子以为泰乎？

恭者不侮人，俭者不夺人。侮夺人之君，惟恐不顺焉，恶得为恭？恭俭岂可以声音笑貌为哉？

君仁，莫不仁；君义，莫不义。

非礼之礼，非义之义，大人弗为。

人有不为也，而后可以有为。

言人不善，当如后患何？

尽其心者，知其性也。知其性，则知天矣。存其心，养其性，所以事天下也。夭寿不贰，修身以俟之，所以立命也。

仁也者，人也。合而言之，道也。

贤者以其昭昭使人昭昭，今以其昏昏使人昭昭。

人之患在好为人师。

无为其所以不为，无欲其所以不欲，如此而已矣。

养心莫善于寡欲。其为人也寡欲，虽有不存焉者，寡矣；其为人也多欲，虽有存焉者，寡矣。

君子有三乐，而王天下不与存焉。父母俱存，兄弟无故，一乐也；仰不愧于天，俯不怍于人，二乐也；得天下英才而教育之，三乐也。君子有三乐，而王天下不与存焉。

故天将降大任于斯人也，必先苦其心志，劳其筋骨，饿其体肤，空乏其身，行拂乱其所为。

6. 佛家《金刚经》摘选

姚秦三藏法师鸠摩罗什译

如是我闻：一时，佛在舍卫国，祇树给孤独园，与大比丘众千二百五十人俱。尔时，世尊食时，著衣持钵，入舍卫大城乞食。于其城中，次第乞已，还至本处。饭食讫，收衣钵，洗足已，敷座而坐。

时，长老须菩提在大众中，即从座起，偏袒右肩，右膝着地，合掌恭敬而白佛言："希有，世尊！如来善护念诸菩萨，善付嘱诸菩萨。世尊，善男子、善女人，发阿耨多罗三藐三菩提心，应云何住？云何降伏其心？"佛言："善哉！善哉！须菩提，如汝所说，如来善护念诸菩萨，善付嘱诸菩萨。汝今谛听，当为汝说。善男子、善女人，发阿耨多罗三藐三菩提心，应如是住，如是降伏其心。""唯然，世尊。愿乐欲闻。"

佛告须菩提："诸菩萨摩诃萨，应如是降伏其心。所有一切众生之类，若卵生，若胎生，若湿生，若化生；若有色，若无色；若有想，若无想，若非有想非无想，我皆令入无余涅盘而灭度之。如是灭度无量无数无边众生，实无众生得灭度者。何以故？须菩提，若菩萨有我相、人相、众生相、寿者相，即非菩萨。"

"复次，须菩提，菩萨于法应无所住，行于布施。所谓不住色布施，不住声、香、味、触、法布施。须菩提，菩萨应如是布施，不住于相。何以故？若菩萨不住相布施，其福德不可思量。须菩提。于意云何？东方虚空可思量不？""不也。世尊。""须菩提，南、西、北方，四维上下虚空。可思量不？""不也，世尊。""须菩提，菩萨无住相布施福德，亦复如是不可思量。须菩提，菩萨但应如所教住。"

"须菩提，于意云何？可以身相见如来不？""不也，世尊。不可以身相得见如来。何以故？如来所说身相，即非身相。"佛告须菩提："凡所有相皆是虚妄。若见诸相非相，则见如来。"

须菩提白佛言："世尊，颇有众生，得闻如是言说章句，生实信不？"佛告须菩提："莫作是说。如来灭后，后五百岁，有持戒修福者，于此章句能生信心，以此为实。当知是人，不于一佛、二佛，三、四、五佛而种善根，已于无量千万佛所种诸善根。闻是章句，乃至一念生净信者。须菩提，如来悉知悉见，是诸众生，得如是无量福德。何以故？是诸众生无复我相、人相、众生相、寿者相，无法相亦无非法相。何以故？是诸众生，若心取相，则为著我、人、众生、寿者；若取法相，即著我、人、众生、寿者。何以故？若取非法相，即著我、人、众生、寿者，是故，不应取法，不应取非法。以是义故，如来常说，汝等比丘，知我说法，如筏喻者。法尚应舍，何况非法。"

"须菩提。于意云何？如来得阿耨多罗三藐三菩提耶？如来有所说法耶？"须菩提言："如我解佛所说义，无有定法名阿耨多罗三藐三菩提，亦无有定法如来可说。何以故？如来所说法，皆不可取，不可说，非法、非非法。所以者何？一切贤圣皆以无为法而有差别。"

……

"复次，须菩提，是法平等，无有高下，是名阿耨多罗三藐三菩提。以无我、无人、无众生、无寿者修一切善法，即得阿耨多罗三藐三菩提。须菩提，所言善法者，如来说即非善法，是名善法。"

"须菩提，若三千大千世界中，所有诸须弥山王，如是等七宝聚，有人持用布施。若人以此般若波罗蜜经，乃至四句偈等，受持读诵，为他人说，于前福德，百分不及一，百千万亿分，乃至算数，譬喻所不能及。"

"须菩提，于意云何？汝等勿谓如来作是念，我当度众生。须菩提，莫作是念。何以故？实无有众生如来度者，若有众生如来度者，如来即有我、人、众生、寿者。须菩提，如来说有我者，即非有我，而凡夫之人以为有我。须菩提，凡夫者，如来说即非凡夫，是名凡夫。"

"须菩提，于意云何？可以三十二相观如来不？"须菩提言："如是如是，以三十二相观如来。"佛言："须菩提，若以三十二相观如来者，转轮圣王即是如来。"须菩提白佛言："世尊，如我解佛所说义，不应以三十二相观如来。"尔时，世尊而说偈言：若以色见我，以音声求我，是人行邪道，不能见如来。

"须菩提，汝若作是念，如来不以具足相故，得阿耨多罗三藐三菩提。须菩提，莫作是念，如来不以具足相故，得阿耨多罗三藐三菩提。须菩提，汝若作是念，发阿耨多罗三藐三菩提心者，说诸法断灭，莫作是念。何以故？发阿耨多罗三藐三菩提心者，于法不说断灭相。"

"须菩提，若菩萨以满恒河沙等世界七宝，持用布施，若复有人知一切法无我，得成于忍，此菩萨胜前菩萨所得功德。何以故？须菩提，以诸

菩萨不受福德故。"须菩提白佛言："世尊，云何菩萨不受福德？""须菩提，菩萨所作福德，不应贪著，是故说不受福德。"

……

"须菩提，若有人以满无量阿僧祇世界七宝，持用布施，若有善男子、善女人发菩提心者，持于此经，乃至四句偈等，受持读诵，为人演说，其福胜彼。云何为人演说？不取于相，如如不动。何以故？一切有为法，如梦幻泡影，如露亦如电，应作如是观。"佛说是经已，长老须菩提及诸比丘、比丘尼、优婆塞、优婆夷，一切世间天人阿修罗，闻佛所说，皆大欢喜，信受奉行。

三、新派佳作篇

7. 余功保《心外无拳》

心法不是练拳的具体方法，但它是指导练拳的要旨精义。

有方法，没心法，拳终究是练不高、练不精、练不深，甚至是练不成的。

方法是有逻辑性的，成系统的。作为方法，越严密越好，前后呼应，左右弥合。心法则是"点"的，以点带面，以面带体，能点化，能使拳功拳技得到飞跃性发展。

练拳要有方法，更要有心法。

入门需方法，提高、升华需心法。

一位老书法家朋友，已然名声卓著，自述二十多岁开始习练毛笔字，但真正得书法真要，豁然有悟乃五十以后。前面练了二十多年，只落得功力深厚，缺欠法度，始终心虚。五十后得名师指导，潜心临帖，渐有所得，终成大雅，得法后自己内心也顿然踏实起来。

法度的重要性，不仅于书，于拳也是成败攸关。

练习太极拳，只要长期坚持，功力是不断增长的，但如果无法无度，或法度偏失，徒有功力，则功力越深，偏差越大，便是"歪功""斜功"。

这里所说的法度，便是"心法"的一部分。过去老师父们常说："假传万卷书，真传一句话"，这一句话，就是指心法。

心法是有个性的，一部分要传，一部分还要悟，甚至悟的部分更重要。传的是文字、语言，悟的是内容、关窍，是"不可言表"的那一部分。不是"不立文字"，是不可立，立不了。

但悟是要有基础的，用心读书是不可或缺的条件之一，不能凭空去悟，所谓"心外无拳"，因为心也是拳。

心法也包括一些练法，太极拳真正的心法不能是空中楼阁，而是具有实践意义的。对太极拳来说，心法要结合练法才有意义。心法的获得只有两种途径，一是用心才能感悟到；二是练到就会明白。一边感悟一边练，是获得太极拳心法的最佳方式。所以在本书中虽然重点谈太极心法，不涉及具体的招势，但对太极拳的一些重要原则、要领也进行了多角度的论述。心法领悟后，是可以用技法、功法去体现的。为了更直观、清晰地体现太极心法，本书选取了众多太极拳名家高手的演拳图片，他们风范生动地展现了太极心法的微妙与境界，是本书中极为光彩闪耀的部分。

心法相对于一些具体练法来说，是比较抽象的，所以论心法可以说些冠冕堂皇的漂亮话，但本书选择讲实话。本书力图让真心研习太极拳者有真正的收获，所以力戒套话。

真正的心法往往很简单，有些东西不需要长篇大论，就可以直截了当地讲明白。可能就几句话，所谓一层窗户纸，但不被捅破永远是谜。许多

文字论来论去只是围绕几句话的核心来转，是为了阐释核心的几句话，等领悟了心法的核心时，就会觉得那些阐释的话是多余的了。所以本书力图以简洁的文字来表达，也是为了让读者用最直接的方式，去触碰心法的内核。

在心法层次上许多形而下的区别不在了，很多形态的东西都是相通的。通往太极拳心法的路不只是一条，有时候换个角度，看得更明白，换个路线走得更快。所以本书有些文章虽然没有直接论拳，但实际上论的还是拳，是拳的心法。

最后说一句，我觉得文化是最大的心法。

8. 林卫《太极道》摘选

太极的定义

我将太极定义为：太极是和谐之极限。

和谐之极限，弥漫于宇宙一切事物中。

和谐之极限，贯穿于万物无形的理中。

和谐之极限，深藏于万物有形的形态中。

和谐之极限，涌动于每个人的梦想中。

……

认知太极之理，唯有通过亲身实践。

得到太极之法，必须经过身心磨练。

让可感触的身体，进入开合虚实。

让可体验的心灵，融合阴阳有无。

唯有这样，才能领悟什么是太极。

……

太极，不只是一个理。太极是一种状态，一个过程，一个标准，一个方法，一种规律。

……

太极拳就是用身心演绎和谐的根本。

用感觉认知、锻炼、运用身体间的和谐与不和谐、平衡与不平衡。

……

无极而太极，相生相息，不可独立。太极之外是无极，除此，再无其他。

无极是太极的无限空间。

不懂无极，枉谈太极。若能感知太极，就一定能觉知、静听、体验什么是无极。

若不能迈进无为，就不能感知虚实，就不能进入无极，就不能体验和认知太极。

……

太极拳是一种近乎完美的技击功夫，具有几乎战无不胜的历史故事和历史地位。

但太极拳的技击，在冷兵器成为历史的今天，早已不是太极修炼的最高境界了。

绝大多数的太极宗师并不清楚，太极拳中玄而又玄的关于搏击的思想、方法和技巧，正是阻碍自己的太极修炼进入最高层次，接近或进入那个"道"的层次的最大障碍。

中国太极宗师们，可惜啊，在享受太极拳的玄妙时，难免会沉迷于那种英雄所向无敌的顶峰及其无限风光，再也无心看见这"有"之背面的"无"之中的无上妙境。

在几乎所有太极拳宗师中，唯有王宗岳明确提出了太极拳的终极意

义："详推用意终何在？益寿延年不老春！"

可惜的是，王宗岳另一篇着重搏击的《太极拳论》，在太极拳实战中的实际影响，远远大于其着重养身和内功修炼的《十三势歌》对整个太极修炼者的影响。

搏击的神奇，淡化和遮掩了养身修性这一束近道的灵光。"不老春"的神话有如游仙，只能在太极拳的道场之外无声徜徉。

......

每天坚持不起眼的小小练习和学习，必然陶冶成不平凡的意志力与快乐和谐神奇的觉体。

......

太极拳，导引人走近和谐之极限，是身体与灵性的运动和修炼。

其中的武学，是太极拳防身之术，生命不老春，才是练太极之根本。

方便之门，导引众生，与道接近。

太极是登上生命和谐之天梯，是快乐、智慧哲学的家庭作业。

太极拳，是太极运动之武术运动，谨遵老子哲学，实践健身、养性，引导人朝着和谐之极限日日改善，这就是太极运动的纲，纲举目张。

......

9. 蓝晟《国学与太极拳》摘选

......

破译了太极拳，掌握了国学，就得到了中华传统文化的真谛。要知道，儒学、道学、佛学、武学、中医学，乃至琴棋书画等，都是有关身心修养的学问，都是和谐天地人的过程——生命的历程有多少，人生的经历是否丰富，都因为阴阳中的调和实现和谐，这种和谐的健康状态就是太极。

中华传统文化的内涵更广泛一些，而国学，不仅仅是"国故之学"，亦是修身之学、开悟之学，因此，是形而上的学问。这和武学可有一比，武学的内涵广泛，而太极拳，则是武学中形而上的智慧。

国学和太极拳，在事实上是一体的。我们从国学和太极拳的共有词汇上，可获如下体悟：

"中正安舒"——这是做人的原则和坚守的操行！

"搏兔之鹘"——这是人生紧盯目标的行动状态！

"如猫捕鼠"——这是生命专一的生命智慧！

"支撑八面"——这是大家风范和灵明之心的自然流露！

"阶及神明"——这是太极之象和彼岸之境相融合的永恒诱惑！

习练太极拳，研究国学，其实是在开启中华核心思维的大门啊！跨入了这个大门，我们就可以明确地获知，国学和太极拳所蕴含的无极、太极、阴阳、三才、四象、五行、七星、八卦、含三为一、阴阳相济、大小一如、生生不息等，都是古圣先贤留给我们后代子孙最有中华精神气质的独一无二的智慧！绝非当代人向壁虚构的流水线产品，绝非当代人生搬硬套、拾人牙慧的直线思维、对立思维！

悟觉了国学和太极拳的深刻哲理，则人生境界必然升华，生命的价值必然体现得淋漓尽致！

……

练太极拳并不是让我们去做太极大师（这就违背了太极拳"舍己从人"的要义了），而是让我们更好地成就事业，获得人生的幸福！

太极拳，不讲经络，不守丹田，不强调呼吸，不以江湖习气去争功夫高低，不在形而下的层次上用功夫。

太极拳，是直指人心的一条道路，修筑之，则"阴阳互孕、全体透空、无形无相、无我无为"的境界会帮助我们实现人生梦想。

太极拳、太极文化、太极智慧本身是不可分割的整体——融儒家、道家、释家智慧为一炉，携武学、中医、术数精华为一体，把人生修养和太极功夫的有为、有无、无为的三大境界合而为一，通过独特的师道观，含三为一观、八门五步观逐渐在人的身心健康层面和形而上的智慧层面体现出来。

这样的智慧，是国学本有之要义。

因此，我们说，国学智慧和太极拳的智慧，乃一而二、二而一的关系，是实现人生觉悟和人生梦想最有效的途径和战略定位。

有了这样的途径，再经过有效的战略定位，在我们未来的人生历程中，精力会始终充沛淋漓，我们会获得真正意义上的幸福。

如是，人就会去粗鲁获平和（文雅而内在的力量），去浮躁获深刻（能抓住万事万物的核心），去失败获成功（失败也是成功），去知觉之障生太极之真空妙有（明心），去无明之心入灵明之境（见性）。

后　记

在此书成稿的时候，正值我70岁生日。即将步入古稀之年，完成了写书的任务，实现了多年的夙愿，确实是人生的一大快事。

我是一个普通的太极拳习练者，在习拳的道路上，五十年不离不弃。写这本书就是想把自己多年练太极拳的经验总结出来；把学习拳理、拳法的体会归纳下来；把恩师的教诲和同门的帮助表述出来。这些经验、体会和表述如能给看到此书的人以帮助，那是我最大的欣慰。

太极拳是人们十分喜爱的健身运动和武术门派。它给习练者带来的好处是全面的、持久的，不管什么人，只要坚持练就会受益。练太极拳不能有奢望，不能有不切实际的幻想。要把太极拳当成朋友，当成形影不离的伙伴，对其真诚、舍得付出。这样就会得到应有的、超出想象的回报。读太极书、练太极拳、做太极人，在神州大地蔚然成风，国人素质必将提高，复兴中华的"中国梦"必将早日实现。

在本书完成之际，我深深感谢恩师——武式太极拳第五代传人赵清玉先生，并以此书为报，再祭仙师在天之灵。

我要感谢同门、拳友及所有帮助过我的人，是他们在我几十年习拳道路上予以鼓励、支持和帮助，使我奋进不止。

　　我还要感谢对我写书予以鼓励、支持和帮助的人，正是有了他们，我才树立了信心，克服了困难，完成了此书的写作。

　　由于自己能力有限，知识欠缺，本书定有不足和错误之处，望武林前辈及广大太极拳习练者予以批评指正，我将不胜感谢！

狄锡杰
2017年春于辽宁抚顺

图书在版编目（CIP）数据

走进太极内核/狄锡杰著．-北京：人民体育出版社，2018
ISBN 978-7-5009-5333-3

Ⅰ.①走… Ⅱ.①狄… Ⅲ.太极拳-研究 Ⅳ.①G852.11

中国版本图书馆 CIP 数据核字（2018）第 026261 号

＊
人民体育出版社出版发行
中国铁道出版社印刷厂印刷
新 华 书 店 经 销

＊
787×1092 16 开本 16.5 印张 205 千字
2018 年 9 月第 1 版 2018 年 9 月第 1 次印刷
印数：1—3,000 册

＊
ISBN 978-7-5009-5333-3
定价：58.00 元

社址：北京市东城区体育馆路 8 号（天坛公园东门）
电话：67151482（发行部） 邮编：100061
传真：67151483 邮购：67118491
网址：www.sportspublish.cn

（购买本社图书，如遇有缺损页可与邮购部联系）